사도행전

사모의 성경적 자아 찾기

박운송

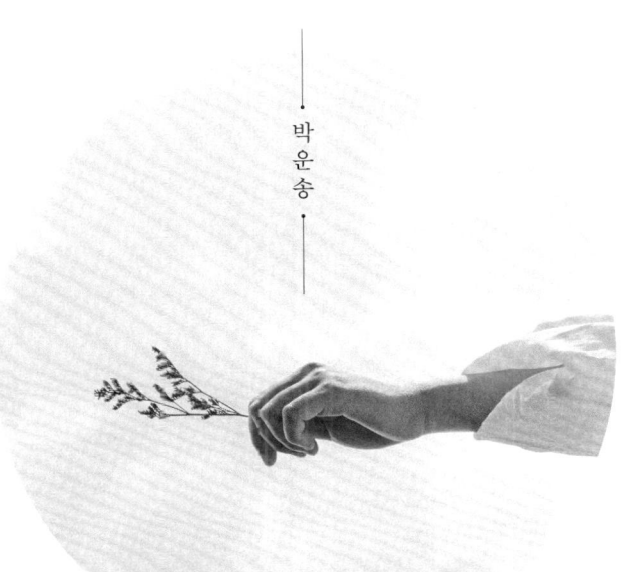

사모행전

God
So ✝ 이처럼사랑하사
Loved

이 땅에서 사모라는 이름으로
살아가는 이들을 위하여

추천사

'사모행전?'

제목부터 눈길을 끄는 이 책을 붙들고 단숨에 읽어 내려갔다. 나는 이 책을 읽으며 내 목회 생활을 돌아보게 되었고, 사모인 내 아내의 삶을 돌아보게 되었다. 때로는 아쉬움으로 때로는 미안함으로 책을 읽어 가는 중에, 지금이라도 이런 책이 나오는 것을 다행이라는 생각이 들었다.

박운송 목사님은 사모님들의 삶을 누구보다 잘 아신다. 어떤 면에서는 목회자보다, 사모 자신들보다 더 잘 아신다. 신학대학원에서 상담심리학을 전공하신 전문가의 안목으로, 교회와 사역자들을 사랑하는 마음으로 그리고 같은 여성으로 사모의 길을 가는 이들을 향한 연민으로, 사모를 이해하고 돕는다. 5년 전 설립된 엘피스 가정 사역원을 통해 그는 사모들의 갇히고 가려진 삶에 빛을 비추고 계신다.

독자들 중에는 이 책을 읽으면서, 사모의 삶이 이렇게

힘든가, 사모의 짐이 이렇게 무거운가, 너무 어두운 면을 중심으로 사모의 삶을 묘사하는 것이 아닌가 하는 생각이 들 수도 있다. 그러나 부정할 수 없는 현실에 대해 눈을 뜨게 되는 경험도 동시에 하게 될 것이다. 한국 사회의 문화와 전통에서, 남성 위주로 이루어지는 지극히 당연하게 여겨온 관습과 사고가 여성 사역자, 특히 사모들에게 무겁게 지워진 멍에로 작용하고 있지 않은지, 행복한 사모가 행복한 목회, 행복한 교회를 만든다면, 우리 각자가 할 수 있는 일은 무엇일지, 그리고 우리 모두가 건강한 사도, 행복한 사모를 만드는 데 각자 역할이 있다는 목소리에 깊이 공감할 수밖에 없게 된다. 또한 특히 여성 교우들과의 관계에서 위축되는 사모들에게, 동반성장을 위한 바람직한 고민과 지혜를 나누어준다.

많은 교회들이 사모를 생각할 때 목회자에게 속한 부속적 존재로서가 아니라 한 사람의 독립된 성도이자 인간으로서 그 개성과 재능을 존중해야 한다는 사실을 잊기 쉽다. 교회와 사회가 만들어 놓은 틀에 맞추느라 때로는 하나님이 주신 창조의 은사와 그리스도 안에서 주어진 자유를 거스르는 일을 서슴지 않고 하게 되는 것이다. 그러니 교회의 장로나 목사, 지도적 역할을 하고 있는 이들에게도 《사모행전》은 사모의 은사와 재능을 따라, 계발하며 교회를 도울 수 있는 길을 함께 모색함으로써 교회의 품을 키워가는 데 지침서가 될 수 있다고 생각한다. 즐겁게 하나님이 주신 은사와 자유를 따라 행복하게 일하는 사모를 위하여, 이 책은 귀한 역할을 하게 될 것이다.

_김웅민 목사 (엘피스가정사역원 이사장, UMC 은퇴목사)

《사모행전》은 사모들의 아픔을 다룬 책입니다. 하나님은 저자에게 사모들에 대한 거룩한 부담감을 주셨습니다. 저자는 사모들을 섬기는 것을 사명으로 여기며 살아왔습니다. 이 책은 사모들이 겪을 수 있는 다양한 고통과 아픔을 소개하고 있습니다. 사모들의 다양한 상처들을 소개하고 있습니다.

이 책은 사모들을 치유하는 책입니다. 이 책은 상처가 상처를 치유하고 고통이 고통을 치유하는 것처럼, 사모들이 받은 상처와 고통의 이야기를 통해 사모들을 치유합니다. 저자는 사모들을 사랑하기 때문에 사모들의 고통스러운 이야기를 경청했습니다. 사모들의 눈물을 보고, 그 눈물을 닦아 주었습니다. 사모들의 상처를 보고 그 상처를 치유해 주었습니다.

이 책은 사모들을 위로하는 책입니다. 사모에게 필요한 것은 위로입니다. 사모의 삶이 힘들게 느껴지는 것은, 짐이 무거운 것도 있지만 위로를 받을 수 없기 때문입니다. 위로는 누군가가 자신의 고통을 알아주고, 이해해 줄 때 경험합니다. 위로는 슬픔을 달래주는 것입니다. 사모들이 원하는 것은 대단한 위로가 아닙니다. 사모들은 자신의 애환을 알아주는 것만으로도 위로를 받습니다.

이 책은 사모들을 건강하게 세우는 책입니다. 저자는 사모들의 아픔과 상처만 이야기하는 것이 아니라 사모들이 건강하게 살아갈 수 있는 대안을 제시하고 있습니다. 사모들이 어떻게 교회에서 아름답게 동역할 수 있는지에 대한 구체적인 대안을 제시하고 있습니다. 또한 성경적 사모의 리더십을 제시하고 있습니다.

이 책은 사랑으로 쓴 책입니다. 누군가를 위해 글을 쓴다는 것은 사랑하기 때문입니다. 저자는 사모들을 사랑하기 때문에 사모들을 위한 글을 썼습니다. 저자는 오랜 세월 동안 사모들을 섬기면서 사모들의 깊은 상처와 마음의 한을 알고 있습니다. 한 맺힌 사모들의 탄식을 알고 있습니다. 물론 사모들의 보람과 기쁨도 알고 있습니다.

이 책을 읽고 추천하면서 사모의 삶을 살아온 저 아내의 아픔을 볼 수 있었습니다. 저는 어느 날 예배당 맨 뒷좌석에 앉아 하염없이 눈물을 흘리고 있는 아내를 보았습니다. 그 눈물은 이 책에서 말하고 있는 사모들의 눈물 중의 하나입니다. 저는 사모들의 눈물과 애통하는 기도가 하나님의 나라에서는 보배처럼 여겨진다는 것을 알고 있습니다.

저는 이 책을 한국교회와 이민교회 사모님들에게 추천하고 싶습니다. 세계선교를 위해 헌신하시는 선교사님들의 사모님들에게 추천하고 싶습니다. 또한 사모들의 아픔을 알고 사모들의 위로자가 되기를 원하는 분들에게 추천하고 싶습니다. 사모들도 돌봄과 위로와 치유와 안식이 필요하다는 사실을 알고 사모들을 섬기기 원하는 분들에게 추천하고 싶습니다. 한국교회와 이민교회와 선교지는 사모들의 은밀한 헌신과 눈물의 기도로 세워졌습니다. 하나님 앞에서 사모는 아름답습니다. 사모는 존귀합니다. 사모의 헌신은 위대합니다. 이 책을 읽는 사모들에게 힘찬 박수를 보냅니다. 또한 사모들의 아픔을 품고 보석 같은 책을 써 주신 저자에게 힘찬 박수를 보냅니다.

_강준민 (L.A. 새생명비전교회 담임목사)

예수 그리스도는 사람의 고통을 외면하지 않으시고 스스로 십자가를 지시고, 인간의 고통 속으로 들어오신 하나님이기에, 기독교는 근본적으로 고통의 종교이다. 고통을 겪는 존재는 하나님께서 귀하게 여기시는 존재이다. 고통을 겪는다는 것은 생명과 감각이 있는 존재임을 의미하며,

특히 타자의 고통을 감각하고 그 고통을 헤아리는 존재는 하나님의 성품에 참여하는 존재이다.

박운송 목사는 일찍이 교회 내 여성들이 겪고 있는 고통에 주목한 사역자다. 저자는 외로운 일을 겪고 있는 목회자의 돕는 배필인 "사모"의 삶을 들여다보고, 공감적 필치로 그 병리적 현상을 기록하는 동시에 바람직한 해결책을 위한 처방을 제시한다.

저자는 누군가의 버팀목이 되기 위해서 자신의 자아를 잃어버리고 살아가는 사모의 모습을 진단한다. 저자는 인터뷰를 통해서 사모의 역할을 짊어지는 여성들의 문제들에 대해서 구체적으로 파악하며 공감적으로 묘사한다. 사모는 교회와 가정 안에서 다양한 어려움에 직면한다. 유교적 문화에 바탕을 둔 교회는 여성에 대한 차별을 당연한 듯이 여기고 있으며, 동시에 목회자의 아내에 대해서 지나친 기대치를 펼치며 초인적인 존재가 될 것을 요구한다. 교회 안에서 사모의 역할은 겉으로는 온갖 일들을 처리하면서 안으로는 상처를 안아야 하는 그림자 존재로 대우받는다. 가정 안에서 사도는 인간의 한계를 갖고 있는 남편과 자녀의 일들에 대해서 고통을 짊어지는 존재가 된다.

박운송 목사는 사모들이 직면한 문제들에 대하여 진단하는 것을 넘어서서 문제 해결을 위한 처방들을 제시한다.

저자가 주목하는 것은 사모의 '정체성'의 문제이며, 어떻게 사모의 정체성을 회복하고 치유할 것인지에 대한 구체적이며 현실적 제안을 제안한다.

저자에 따르면, 핵심적인 물음은 어떻게 '사모다움'을 회복할 것인지의 문제가 아니라 어떻게 '나다움'을 구현해 나갈 것인가의 문제이다. 그렇기에 사모에게 필요한 것은 형식적인 틀에 매이는 것이 아니라 주체성을 회복하는 존재로 나아가는 것이다. 이를 위하여 사모는 단지 목회자의 소명에 조력자로서만 자신을 한정할 것이 아니라 자신의 소명을 찾는 노력을 지속해야 한다. 자신을 건강하게 사랑하는 사람만이 가족과 이웃도 건강하게 사랑할 수 있기 때문이다.

저자의 제안은 구체적이며 현실적이기에 지혜로운 조언을 담고 있다. 비록 사모가 교인들을 따듯하게 사랑하는 역할을 부여받았으나 교우들과의 건강한 거리를 유지하는 분별력도 필요하다. 더 나아가서 저자는 이러한 회복과 치유의 노력이 고독한 개인의 시도만으로는 성취될 수 없음을 잘 알고 있기에 '지원 그룹'과의 네트워크가 필요함을 역설하고 있다.

기독교 신앙은 하나님과의 초월적 관계를 바탕으로 출발하지만, 구체적 신앙생활은 현실의 왜곡된 바탕 위에서 펼쳐진다. 그렇기에 그리스도인으로서 살아가는 삶은 구부러진 삶과 의식에서 우리를 진정으로 자유롭게 하시는 하나님을 향한 '방향 전환'(회개)을 요청한다. 교회의 권위주의의 늪 속에서 "오늘도 목소리를 낼 수 없는 여성, 약자, 소수자, 주변인들"의 고통을 직시하고 그 해결책을 모색하는 저자의 노력이 깊은 울림을 주기에, 각자의 고통의 자리에서 성경적 자아 찾기를 모색하는 모든 이들에게 《사모행전》은 소중한 선물이다.

_장경철 (서울여대 기독교학과 교수)

이 책을 읽을 독자들과 내가 만약 다음과 같은 상황에 처한다면 우리는 어떻게 반응할까 생각해 본다. 우리의 삶 속에서 지금 이 시간에도 아래 상황들의 한 가지 만이 아니라 그 모든 상황들이 일어나고 있다면 과연 어떨까.

자아상실, 권위 상실, 무조건 순종, 인내, 무방비, 장식용, 이중생활, 무한 경쟁, 전시용, 부품, 고난의 흙탕, 충고, 훈육, 억압, 트라우마, 고립, 그림자, 무임 청소부, 거부반응, 막노동꾼, 벙어리, 성도 시험 거리, 쥐 죽은 듯 조용히, 걸레질, 설거지, 무기력증, 근육통, 우울증, 불면증, 만성 위장병, 면역력 바닥, 무너진 감정, 망가진 마음, 없어진 자존심, 죄책감, 비 존재감, 배우자 상실, 자녀 존재 상실……..

저자 박운송 박사는 이 모든 상황을 다 품고 오늘의 삶을 살아가는 삶이 사모의 삶이고 그 삶의 실제적인 예들을 통해 진솔하게 알리고 있다. 사모가 되겠다는 딸을 한사코 말리는 목사 부부가 있는데 그 이유가 이 책을 통해 충분히 이해된다.

1980년대부터 널리 회자된 영어 표현 중에 "No Pain No Gain"이란 말이 있다. 이 얼마나 힘든 말인가! 이 사모행전은 수많은 고통(Pain)에 대한 책이다. 바울은 "환난이나 곤고나 박해나 기근이나 적신이나 위험이나 칼이랴 기록된바 우리가 종일 주를 위하여 죽임을 당하게 되며 도살당할 양 같이 여김을 받았나이다 함과 같으니라"(롬 8:35-36)라고 했다. 어느 누구도 소중하게 부여받은 삶을 이런 고통과 힘든 상황 속에 살기를 원치 않는다.

그런데 오늘도 대부분의 사모들이 종일 죽임을 당하고, 도살당하는 양과 같이 여김을 받으며 살아가고 있다. 더 아픈 현실은 그들의 고통이 혹시라도 교회의 흠이 될까 봐 실상에 대해 이야기하기를 오랜 세월 꺼려왔다는 것이다.

그래서 더욱 박운송 박사의 결단과 용기와 헌신에 갈채를 보낸다. 그리고 많은 이들이 이 책에서 흘러나오는 사모들의 슬픈 목소리, 아름다운 회복의 노래들에 귀를 기울이고 함께 하기를 간절히 기도한다.

이 책에서 저자는 그동안 '나다움'을 잃어버리고 외로운 길을 걸어온 많은 사모들이 건강한 '나다움'을 찾으라고 호소한다. 그래야 비로소 주님이 주신 리더십을 발휘할 수 있으며, 더 나아가 교회와 많은 성도들을 바로 세울 수 있다고 말한다. 동시에 그 길을 갈 수 있도록 지혜를 세심하게 가르쳐주고 있다.

그렇게 보니,《사모형전》은 거룩한 부르심을 받은 우리 모두에게 주는 지혜의 보물창고이다.

_박성민 (미국 아주사대학교 부총장)

박운송 목사를 클레어몬트 신학대학원 실천신학 목회학 박사 과정에서 처음 만났다. 키가 보통 남자보다 훤칠하게 크고 멋쟁이인 그녀를 처음 만났을 때 그에게 틀에 박힌 목회자의 모습은 전혀 없었다. 논문 주심 교수인 나에게 사모에 대한 논문을 쓰겠다고 했을 때 나는 그 제안을 기꺼이 받아들였다. 한국 교회 안에서 여성 목회자와 평신도가 겪는 여성차별에 대한 문제의 심각성을 잘 알고 있고, 교인도 아니고 목회자도 아닌 사모의 정체성과 역할이 얼마나 어려운지 잘 알고 있기 때문이었다.

한인 교회에서의 사모는 이름도 없는 누군가의 그림자와 같은 존재이다. 막중한 책임감이 주어지지만, 그 모든 것은 암묵적으로 제시된다. 명확한 기준이 없는 역할이 사모의 역할이지만, 가족보다 교회를 먼저 생각해야 하며 자기희생이 절대적으로 요구되는 것이 사모의 역할이다. 사모와 함께 나눈 심층 인터뷰를 통해 발견한 지혜들을 열거하며, 박운송 목사는 모든 사모들을 향해 외친다.

"순종하고 헌신하며 남편만을 위한 삶을 살려 하지 말고 자신이 정작 뭘 좋아하고 무엇에서 기쁨과 보람을 느끼는 사람인지 파악하여 자신의 삶을 살아가십시오. 자기 자신을 돌보는 일을 게을리하지 마십시오. 마음을 함께 털어놓을 수 있는 친구를 만드십시오. 영적 심리적 탄력성(resiliency)과 함께 자신의 주체성을 키우십시오. 남들의 기대에만 맞추어 살려고 하는 사모가 아니라, 나답게 사는 사람이 되어야 합니다."

그리고 박운송 목사는 사모의 회복을 위한 키워드 넷을 제시한다. 박운송 목사의 논문이 책으로 출판된 것을 축하한다. 이 책은 많은 사모들이 공감할 내용을 담고 있다. 이 책은 상처와 아픔과 눈물로 쓴 책이다. 이 책을 사모들만이 아닌 목회자와 교회의 평신도 지도자들에게 추천한다. 이 책이 사모의 치유와 회복을 위한 도구가 될 것이며, 한국 교회의 변화를 위한 밑거름이 될 것임을 확신하다.

_이경식 (클레어몬트 신학대학원 실천신학 교수)

저자인 박운송 목사님은 클레어몬트 신학대학원 실천신학 목회학 박사과정에서 2018년에 박사학위를 받았습니다. 그리고 2021년 올해, 목사님의 풍부한 가정 상담과 사모 섬김 사역에 기반하여 박사 연구 논문을 쓸 때부터 관심을 가졌던 주제를 지속적인 연구와 사역을 통하여 심화시켜 이번에 《사모행전》을 출간하게 된 것을 축하드립니다. 무엇보다 전문성을 담아 독자가 편하게 읽을 수 있도록 '사랑'씨를 등장인물로 설정하여 수필처럼 그리고 공감이 되는 구체적인 사례들을 제시하며 에세이 형식으로 써 내려간 이 책의 구성이 돋보입니다.

　　《사모행전》은 사모라는 호칭으로 살아가면서 교회와 가정 안에서 수많은 아름다운 작품을 만들어가는 여성들의 이야기입니다. 운명처럼 주어진 사모라는 이름의 그늘 아래 투명 인간처럼, 존재하지만 존재하지 않는 비존재와 같이 살아가는 이 땅의 수많은 여성들의 수고와 눈물이 《사모행전》이라는 하늘에 수놓인 별과 같이 반짝이며, 보석처럼 빛나게 하는 것이 이 책의 특징입니다. 그리고 이러한 통찰을 통해 빚어낸 저자의 노력 또한 빛이 납니다.

　　《사모행전》은 교회와 가정 안에서 사모가 겪는 다양한 갈등의 상황들을 조명함으로써 '사모가 사모답게'가 아니라, '사람이 사람답게' 살 수 있는 상생의 길을 모색하는 안

내서입니다. 사람이 사람답게 살 수 있도록 구조와 환경을 변화시키는 일은 사모들만의 과제가 아니라 신앙 공동체가 함께 연대해야 할 일입니다. 저자의 소망대로 이 책이 교회와 가정을 살리는 일에 자양분이 되기를 바라며 신앙 공동체가 함께 읽을 필독서로 추천합니다.

_김남중 (미국 클레어몬트 신학대학원 실천신학 교수)

《사모행전》은 박운송 목사님이 엘피스 가정사역을 인도하며 이끌어 온 사모 섬김 사역의 열매이다. 일반적으로 사모에 관한 책의 저자는 사모나 남성 목회자인 경우가 대부분이다. 《사모행전》은 사모가 아닌 여성 목회자의 시각으로 본 사모의 고충과 그에 대한 해결방안을 모색한 책이어서 새로운 느낌을 준다. 또한 저자가 목회 돌봄 사역을 통해 만난 여러 사모들의 이야기와 함께 박사 논문을 위해 수집했던 인터뷰와 학문적 자료들이 적절하게 어우러진 책이다. 책의 부제처럼 사모들이 성경적 자아를 찾음으로써 "사모다움"이 아닌 "나다움"을 실현하는 데 도움이 되는 책이 될 것으로 생각한다. 마지막 챕터에서 제시한 행복한 사모를 위한 네 가지 제안을 통해 저자가 바라는 대로 가정과 교회를 살리는 사모들이 많아지기를 소원한다.

_변명혜 (미국 LA 아주사 신학대학원 주임교수)

엘피스를 섬기고 있는 저는 《사모행전》 초고를 받자마자 떨리는 가슴으로 읽었습니다. 끓는 카레 냄비와 가족들의 저녁을 뒤로한 채 손에서 책을 내려놓을 수가 없었습니다.

이 책은 다른 사람의 스토리가 아니라 이민 목회 한가운데 사모로 서있는 바로 나의 이야기, 나의 삶입니다. 내 삶의 진솔한 스토리를 제가 아닌 다른 사람이 깊이 공감하며 나의 상처가 아닌 우리들의 상처가 되어 《사모행전》 안에서 지금 이 시대 안에 '사모'로서 살아가는 수많은 이들과 서로 하나 되는 은혜를 경험할 수 있었습니다. 드러나고 공유된 아픔은 더 이상의 아픔이 아니고 남의 아픔까지 만지고 위로할 수 있는 힘이 됨을 《사모행전》을 통해 깨달았습니다. 또한 소외되고 마음이 아픈 사모, 위로와 소망이 필요한 사모들을 위해 헌신하신 박운송 목사님의 눈물과 기도와 열정이 그대로 저에게까지 전해져와 말할 수 없는 감동으로 남았습니다. 이 감동이 외로운 많은 사모들에게 전해지기를 간절히 기도합니다.

《사모행전》은 사모들이 묶여 살아온 '사모다움'이 '나다움'이 될 때 비로소 가장 성경적이고 바른길임을 깨우쳐줍니다. 사모이기 전에 하나님이 창조하신 고유한 주체로서의 성경적 여성상을 제시하는 《사모행전》은 사모들만의 국한된 이야기를 넘어 이 땅에 돕는 배필로써 보이지 않고 드러내지 않게 살아가는 하나님의 딸들의 가슴 아픈 이야기입니다. 그렇기에 아름답고 소중한 하나님의 딸들의 고귀한 헌신을 매일 값없이 누리는 모든 하나님의 아들들이 먼저 읽어야 하는 필독서이자 서로 화해와 회복의 길을 여는 영적 도구가 될 것을 확신합니다.

교회 안에서 고립된 사모들의 삶의 한 가운데 들어와 함께 울고 웃으며 사모들의 대변자가 되어주신 박운송 목사님의 첫 열매인 《사모행전》이 목회자 가정과 믿음의 가정 더 나아가 이 사회에 미칠 선한 영향력을 기대하고 기도합니다.

_김은주 사모 (LA복음연합감리교회)

차례

6_ **추천사**

24_ **작가의 말**

27_ **프롤로그** 성경 그 어디에도 없는, '사모의 길'을 묻는 사람들

chap 1
사모라는 이름으로 산다는 것은 1_ 교회 안에서

36_ 교회 안에 십계명보다 더 엄격한 사모 계명이 있다

42_ 사모의 숙명, 학내 왕따 못지않은 가혹한 따돌림

50_ 사모는 감정도, 인격도 없는 AI?

56_ 전시용 숲을 세팅하며 죄책감을 느끼는 사모들

62_ 교인들, 목회자에겐 양무리, 사모에겐 시어머니

68_ 목회자도 직분자도 아닌 사모는 언제나 그림자처럼

76_ 평신도 시대, 부목사는 교회직원, 사모는 주일 청소부?

chap 2
심층 인터뷰_사모가 생각하는 '사모의 길'

- **88_** 사모의 부르심은, 나를 완전케 하시는 축복이자 십자가
- **95_** 사모와 교인, 서로에게 적응하지 못하는 이웃 혹은 동역자
- **102_** 사모와 목회자 가정 힘들게 하는 '유교적 가부장제'

chap3
사모라는 이름으로 산다는 것은 2_ 가정 안에서

- **118_** 교인들의 쉼터가 된 농촌교회 목회자의 집
- **127_** 남편은 사역자, 사모는 막노동꾼
- **135_** 남편의 청년부 사역에 사모가 가슴 졸이는 이유
- **142_** 영적 사춘기를 벗어나지 못한 목회자 남편
- **150_** 자녀 교육도 교인 눈높이에 맞추려는 남편, 상처받는 아내
- **156_** 교회가 짐이 되어 신앙에서 멀어지는 자녀들
- **162_** 자해하는 딸, 생명 치유 사역하는 남편
- **170_** 사모의 암 보험금으로 구입한 교회 차량
- **177_** 유학파 목사의 외도, 대학 중퇴인 사모가 원인?
- **184_** 은퇴 사모, 노년을 함께 할 신앙공동체가 없다

chap 4
행복한 사모, 가정과 교회를 살린다

190_ '사모 다움'이 아니라 '나 다움'이 성경적이다
196_ 회복 키워드 하나, 서번트 리더십
202_ 회복 키워드 둘, 틀을 깨고 주체성 회복으로
212_ 회복 키워드 셋, 목회자 소명 아닌 사모 자신의 소명 찾기
219_ 회복 키워드 넷, 교인과의 건강한 거리감을 유지하라

223_ 에필로그 사모 지원 그룹과 교육이 절실하다

작가의 말

사모에 대한 관심을 갖게 된 것은 1980년대 신앙생활을 하기 시작하면서부터였다. 당시 나는 교회 내 여성들을 위한 사역을 하면서 담임 목회자의 사모와 가까워지게 됐는데 그때부터 자연스럽게 사모의 삶을 들여다보게 되었다.

내가 출석한 교회는 서울에 위치한 대형교회라서 그런지 사모의 모습은 여러 가지 사역으로 늘 분주해 보였다. 새벽예배에서부터 소그룹 인도, 자녀 양육, 남편 내조는 물론 종종 교회에서 이런저런 긴급기도를 위한 금식까지 참여하면서 늘 야위고 지친 모습이었다. 그런 사모의 모습은 나의 눈에는 연약하고 안쓰러운 여성으로 비춰졌다. 그런데 그 당시 교회 안에는 여러 가지 소문이 있었는데 그중에 대부분이 사모에 대한 평가와 행동에 대한 비판의 소리였다.

"사모가 인사를 해도 잘 안 받는 차가운 성격이다."
"평범한 것 같은데 대단히 멋을 내는 사람이다."

대부분이 근거 없는 이야기들이었다. 그때 나는 사모의 길이 쉽지 않은 길이라는 생각이 들었다. 그 후르는 어느 교회에 출석하든지 사모에게 눈길이 갔다. 외로은 사모의 눈빛을 보면 먼저 다가가 밝은 미소로 인사를 나누고 대화를 나누다 보니 내가 출석했던 교회들의 사모들과 친밀한 관계를 맺게 되었다. 그리고 그들과 교제하면서 사모의 길이 얼마나 외롭고 힘든 길인지 알게 되었고, 그들과 함께하는 것이 나의 목회 소명이 되었다.

10여 년간의 전문 목회 돌봄 사역을 통해 만난 사모들은 한결같이 정체성에 대한 확신이 없었다. 사역에서 소외된 채 이름도 없이 빛도 없이 살아가고 있었다. 묵묵히 남편 목회자의 버팀목이 되기 위해 사모라고 불리는 여성들이 얼마나 많은 희생과 어려움을 감수해야 하는지 모른다. 사모를 그런 어려움으로 내몰고 있는 요인 중에는 '여성에 대한 차별이 심한 유교 문화'를 바탕에 깔고 있으면서도 아이러니하게도 사모에게 '목회자와 동일한 기대치를 요구'하는 앞뒤가 맞지 않는 교회 안팎의 현실과 인식들이 깊이 자리하고 있었다.

이런 경험과 발견을 근거로 나는 사모들이 현재 처한 상황을 시작점으로 해서 사모의 정체성 회복과 이를 통한 바람직한 목회와 교회의 성숙함에 관해 이야기하고자 한다.

참고로, 사모의 목소리를 통해 사모의 처한 상황을 가급적 현실감 있고 진솔하게 전달하기 위해 '사랑(가명)'이라는 사모를 등장시켜 화자로 삼고자 한다.

2021년 봄
로스엔젤레스에서

박운송

프롤로그

성경 그 어디에도 없는,
'사모의 길'을 묻는 사람들

"사모님! 샬롬!"
"아. 네에. 권사님. 안녕하세요?"

서울 강남에 있는 한 교회의 목사 사모인 사랑 씨의 주일 아침은 늘 이렇게 시작된다. 남편이 목회자가 된 그날부터 사랑 씨는 교인들에게 '사모'라는 호칭으로 불리기 시작했다. 이제는 좀 익숙해졌지만, 20대 후반 남편과 함께 갔던 한 교회에서 '사모님'이라는 소리를 들었을 때에는 어찌나 어색했던지 그 기억을 잊을 수가 없다. 이 호칭에 익숙해지기까지 거의 몇 달이 걸렸다. 이제는 교회에 갓 부임한 전도사의 앳된 아내가 '사모님!'이라는 호칭에 당황해하면 "곧 익숙해질 거"라고 조언해 주는 여유가 생겼지만, 이 호칭이 좋아졌거나, 호칭의 당위성에 납득이 되어서는 아니다.

한국의 모든 교회에서 아무런 이의 없이 받아들인 이 '사모'라는 호칭은 남성인 목회자의 아내를 부르는 말이다. 즉 목회자의 아내는 원하든 원치 않던 목회자인 남편으로 인해 '사모'라고 불린다. 그런데 이 호칭은 교회의 정식 직분이 아닐뿐더러 목회자, 장로, 집사처럼 성경에 등장하지도 않는다. 그냥 남편인 목회자를 존중하는 의미에서 혹은 사회적 지위가 높은 남성을 존중하는 의미에서 그 아내를 격식 갖춰 불러주는 그런 순수한 '존중'의 의미도 아니다. 놀랍게도 교인들이 부르는 이 '사모'의 호칭에는 무조건적인 희생과 목회자인 남편에게 요구되는 헌신과 희생과 리더로서의 조건을 만족시켜야 한다는 암묵적인 압박이 담겨있다.

이것이 얼마나 불공평한가 하면, 여성 목회자의 남편에 대해서는 특별한 호칭도 없을뿐더러, 그 호칭에 따른 암묵적인 의무를 요구하지도 않기 때문이다. 오히려 여성 목회자의 남편은 기존의 집사, 혹은 장로의 직분을 그대로 유지할 뿐 아니라 호칭도 바뀌지 않는다. 그러니 더욱 이런 질문을 하게 된다.

여성 목회자의 남편에게는 별도의 호칭이 없는데 왜 남

성 목회자의 아내에게만 '사모'라는 호칭과 의무가 있는 것일까?

물론 목회자의 배우자가 된다는 것이 보통 사람의 배우자가 되는 것과 같을 수는 없다. 그리고 여성 목회자의 남편의 경우도 교회 안에서 특정한 호칭이나 당연시되는 의무사항은 없다 해도, 그 심적인 부담이 평신도의 배우자와 같을 수는 없다.

그러나 엄격히 말해 목회자의 배우자는 목회자가 아니다. 무엇보다 교회의 리더로서 정식으로 초빙되어 그에 따른 사례비를 받는, 한마디로 교회가 정당한 절차와 대가를 지불하며 초빙한 사람이 아니다. 목회자의 배우자로서 최선을 다해야 하긴 하나 목회자가 될 수는 없다. 둘론 목회자와 같은 사명감을 가지고 최선을 다해 돕는 것을 소명으로 아는 배우자라면 이상적이겠지만, 목회자가 그런 이상적인 배우자를 만나는 것이 현실적으로 매우 어려운 일이다. 그러니 목회자의 배우자에게까지 목회자와 같은 책임감과 희생과 덕목을 강요해서는 안 되는 것이다.

하지만 정말 놀랍게도 현실은 그렇지 않다. 그것도 남자 배우자가 아닌 여자 배우자에게 더욱 심하다. 단지 목회자의 배우자라는 이유로, 교회에서 그 배우자에게 특별한 대우도 하지 않으면서 목회자와 동등한 헌신과 인격과 봉사를 요구한다는 것은 성경적이지도 않고, 상식적으로도 받아들이기 어렵다.

그런데 여기에 분명한 성차별까지 겪고 있는 사람들이 바로 '사모'로 불리는 목회자의 아내들이다. 여성 목회자의 남편에게는 요구하지 않는 희생과 규범이 남성 목회자의 아내들에게만 지워지고 있는 것이다. 언젠가 사랑 씨는 다음과 같은 '사모'에 대한 해설을 보고 몹시도 놀랐다.

> 목회자의 아내, 그는 단지 한 남자의 아내일 수만도 없고 교회의 지도자는 더욱 아닙니다. 그러면서도 평범해서는 안 되는 그리스도인입니다. 그는 다른 지도자들보다 더욱 뛰어난 소명으로 부름 받은 하나님의 일꾼입니다. 이 세상에 그 사람들처럼 독특한 자리에 세움을 받은 특별한 일꾼들은 없습니다. 그는 일생을 단지 한 사람의 아내가 아니라, 선지자처럼 핏빛 인생을 살도록 부름 받은 사람입니다.[1]

---

1 김남준, 목회자의 아내가 살아야 교회가 산다 (서울: 생명의 말씀사,

목회자는 목회자가 되기 위해 전문적인 교육을 받는다. 하지만 그의 아내는 단지 목회자가 된 한 남성을 사랑하는 사람일 뿐이다. 그와 가정을 꾸리고 미래를 함께 하기로 한 사람이다. 그의 삶이 왜 교인들에게 의해 '사모'로 규정되고, 그 호칭과 함께 대가 없는 희생과 헌신을 강요받아야 하는 걸까? 그것도 유독 남성 목회자의 배우자인 여성에게만 지워지는 짐이다. 사랑 씨 역시 사모라고 불린 그날부터 이 짐의 무게를 느끼며 살아왔다.

그런데 사랑 씨는 사모에 대한 교회의 비상식적인 인식으로 인해서 피해를 보는 이들이 또 있다는 사실을 알게 되었다. 바로 부부 목회자 가정이다. 아내가 목회자가 되면 남편 목회자는 담임목사로 초빙을 받는 데 상당한 불이익을 받는다. 그 이유가 바로 아내가 사모 노릇을 할 수 없기 때문이라고 한다. 사모에 대한 교회의 편견으로 인해 사모뿐 아니라 귀한 목회자까지 능력에 맞는 일을 할 기회를 잃는다는 사실이 몹시도 슬펐다.

오래전 어느 날, 사귀고 있던 교회 오빠가 신학대학원에

2008), 77.

가겠다고 고백했다. 사랑 씨가 사귀고 있던 하나님의 인도하심을 따라 된 일이라고 생각하며 축하해주었다. 결혼과 함께 남편은 신학대학원 입학했고, 졸업 뒤에는 3년의 전도사 생활을 거친 후 목사가 됐다. 그때부터 사랑 씨는 사모라고 불리기 시작해 10년 넘는 세월이 흘렀다.

대학을 졸업한 뒤 회사를 다니다가 결혼을 한 그녀는, 사모라 불리는 목회자의 아내가 어떤 역할을 해야 되는지에 대해 제대로 배운 적이 별로 없다. 요즘은 '사모대학', '사모 교실' 등의 제목으로 프로그램이 진행되어 그나마 사모의 삶에 대해서 조금은 미리 알 수 있지만, 대개는 '통상적인 사모의 삶'에 대한 정보와 가이드라인을 주는 정도에 그친다. 즉, 어디에서도 사모가 걸어가야 할 성경적인 방향을 제시해주지 않고 있다.

그런 상황에서 이 땅의 목회자의 수만큼 많은 사모들이 교회 안에서 좌충우돌하고 있다. 사랑 씨도 그중 한 사람이었다. 사랑 씨에게 '사모의 삶'을 알려준 이들은 유쾌하지 않은 시선과 납득할 수 없는 규제, 종종 노골적인 비난을 해오는 교인들이었다. 때로 남편인 목사도 그들 편에서 아내인 사모에게 이런저런 요구를 하기도 한다. 그 과정에서 사랑 씨는 눈물을 삼키며 때론 극심한 외로움과 감당하기 어려운 육체적인 희생의 삶을 말없이 견디어왔다.

그렇게 10년이 지난 지금, 사랑 씨는 사모가 되기 이전의 기억을 잊어버렸다. 사랑 씨가 순수하게 자신을 위해서 뭔가를 한다는 것은 생각만 해도 죄책감이 든다. 자신이 정작 뭘 좋아하고 무엇에서 기쁨과 보람을 느끼는 사람이었는지 아득하기만 하다.

그런데 사랑 씨는 한국 교회 안에 사랑 씨와 같은 사모들이 너무도 많다는 사실을 알게 됐다. 그래서 언제부턴가 사모들의 이야기를 귀담아듣기 시작했고 이제부터 풀어나갈 이야기들은 직접적으로 혹은 간접적으로 만난 사모들의 실제 경험을 토대로 정리한 것이다.

이야기에 등장하는 이름은 모두 가명임을 밝혀둔다. 그리고 '사모'라는 호칭을 쓰고 싶지 않지만 이 글을 읽는 독자들이 이 호칭에서 가져오는 분위기와 느낌을 익히 잘 알고 있기에 '사모'라는 호칭을 사용하고자 한다.

사모라는
이름으로
산다는 것은 1
_교회 안에서

chap1

교회 안에 십계명보다
더 엄격한 사모 계명이 있다

얼마 전 사랑 씨는 뜻밖의 일을 당했다. 감기가 한 달이 다 되도록 낫지 않아서 주사나 한 대 맞을까 하여 병원에 갔다. 그런데 그날따라 의사가 이런저런 검사를 해보더니 '당장 일을 그만두라'고 강경하게 말했다. 사랑 씨는 어이가 없다는 표정으로 이렇게 답했다.

"저 가정주부예요."
"그럼 가정에 무슨 우환이라도?"
"아니요. 딱히 그럴 일도 없는데요."
"면역력은 바닥이고 만성위장병에 우울증 초기 증상까지 있는데 아무 일이 없다고요?"

의사는 의심이 가득한 눈빛으로 사랑 씨를 바라보았지만 사랑 씨는 더 이상 아무 말도 할 수 없었다. 사랑 씨는 잘 알고 있었다. 지칠 줄 모르는 에너자이저였던 사랑 씨가 면역력 제로의 만성 위장병 환자가 된 것은 사모가 된 이후부터였다. 일테면 사모의 훈장 같은 거랄까.

이유는 모르겠지만, 교회는 목회자의 아내인 자신에게 '슈퍼우먼'이 되기를 요구한다. 그녀는 아무리 노력해도 사모를 향한 교회의 높은 첨탑 같은 기대를 만족시킬 수가 없었다. 그래서 사랑 씨는 자신이 교회가 바라는 기대와 기준에 비해 항상 자신이 부족하다고 느끼며 불안해하고 미안한 마음을 가지고 살았다. 언제나 '내가 실수를 한 건 아닐까. 남편에게 누를 끼친 것은 아닐까' 염려하고 긴장하며 살았다.

그런 시간이 반복되면서 위장장애가 시작되었고 불면증과 함께 우울증 비슷한 증세가 시작되고 있었다. 거기다가 최근에는 면역력 저하로 인해 온갖 계절병들이 단골손님처럼 그녀를 찾아오고 있는 중이었다. 하지만 아픈 내색도 할 수 없었다. 목회자가 아파도 사모 탓, 사모가 아픈 것도 사모 탓으로 여기는 것이 교회의 현실이었다.

얼마 전 자신과 나이가 비슷한 사모가 심한 우울증으로 2년 동안 요양원에 입원했다가 퇴원했지만, 얼마 못 가서 다시 우울증이 시작되어 결국 목회자인 남편이 교회를 사임하고 시골로 내려갔다는 이야기를 들었다. 그녀는 종종 그녀에게 '사모'라는 호칭과 함께 교인들이 자신에게 원하는 것들이 너무도 감당하기 버겁다고 말했다.

 교회 안에는 교인들의 선출에 의해 교회의 정식 인정을 받은 공식적인 직분들이 있지만, 사모에게 지워지는 이런 종류의 기대와 요구와는 거리가 멀다. 자신들의 뜻에 의해 직분을 가진 이들도 지지 않는 이런 무거운 짐을, 교회 안의 정식 직분자도 아닌 '사모'에게 지우고 있는 것이다.
 이런 현상은 다분히 남성중심주의 사회인 유교적 영향이 크다. 한국 개신교가 억압당하던 여성들이 주체적으로 살아갈 수 있도록 돕는 종교였음에도 불구하고, 유독 '사모'에게만은 비성경적이고 전근대적인 희생과 헌신이 기독교 역사 100년이 지나도록 요구되고 있는 것이다. 언제가 사랑 씨는 이와 관련된 흥미로운 글을 본 적이 있다.

> 1992년의 통계에 의하면 한국교회의 수는 3만을 넘었고, 교인 수도 1천 만을 넘는다고 한다. 우선적으로 이러한 한국교회의 놀라운 성장의 이면에는 한국교인의 70%를 이루는 여성들의 헌신과 희생이 밑받침하고 있다는 사실은 한국교회의 성장 논의에서 사실상 간과되

고 있으며, 무엇보다도 교회의 지도력이 여전히 30%의 성원을 이루고 있는 남성들에 의하여 주도되고 있다는 사실은 한국교회가 질적인 성장을 이루고 있지 못하다는 단적인 증거가 되는 것이다.[2]

즉, 여성에 대한 전적인 희생을 교회가 강요하지만 여성이기 때문에 교회에서 영향력을 미치는 지도자로는 인정할 수 없다는 것이다. 사모도 마찬가지다. 사모라는 호칭과 함께 교회가 목회자의 아내에게 목회자와 동일한 엄격한 헌신과 희생의 기준을 강요하면서도 이름 없이 자격 없이 티 안 나게 하라는 것이다. 이것은 명백하게 여성은 남성에게 혹은 남성을 위해 복종하며 희생하는 것이 당연하다는 시각이 아닌가. 이런 걸 생각하면 사랑 쓰는 기운이 빠진다.

남편이 아프면 교인들은 눈물로 기도하며 중보 한다. 그리고 한편으로는 사모에게 '잘 돌보라는 식'의 압박을 가한다. 하지만 사모가 병이 나면, '약골이라 목회자를 힘들게 한다'느니, '쓸데없이 싸돌아다니며 병을 만든다'느니,

---

2 강남순, 페미니즘과 기독교 (서울: 대한기독교서회, 1998), 153.

'자기 관리를 제대로 못한다'는 등의 뒷말이 나돌아 결국 그녀의 귀에까지 들어온 게 한두 번이 아니다.

요즘은 일반 사회 속에서도 성차별에 대한 감시와 비난의 목소리가 높은데 교회는 시간이 거꾸로 흐르는 것 같다. 여성 직분자나 여성 목회자도 나오는 시대라지만, 유독 목회자의 아내인 사모에게만큼은 여전히 시대착오적인 성차별이 작용하고 있다. 더욱 기가 막힌 것은 남성들 뿐 아니라 같은 여성들조차도 사모를 보는 시선이 별반 다를 게 없다는 사실이다. 실제로, 교인들이 누군가를 '사모'라고 부를 때에는 그 사람에게 최소 다음과 같은 것을 기대한다.

- 목회자는 아니지만 목회자에 걸맞은 인격과 신앙과 교인들에 대한 책임감을 가질 것.
- 소리 없이, 교인들의 아픈 구석을 살피고 그때마다 도움의 손길이 되어줄 것.
- 남편 목사님의 말씀에 절대 순종하여 여성교인들의 모범이 될 것.
- 일반 성도들이 보고 배울 수 있도록, 이상적이고 성경적인 자녀교육을 할 것.

이 외에도 사모에게 암묵리에 요구되는 기준들은 이루

헤아릴 수 없이 많다. 교회마다 교인들마다 다 다를 뿐 아니라 종종 그런 잣대를 들이대는 이들은 집요하고 엄격하다. 그런데 이런 요구들은 초대교회에서는 성경을 기초로 하여 무너뜨렸던 유교적인 관습들이 대부분이다. 그래서 많은 사모들이 마치 드라마에서 보았던 봉건주의 시대를 살고 있는 듯한 절망감을 느낄 때가 많다. 성경에도 나오지 않는 비 성경적이며, 유교적 영향이 강한 족쇄로 사모들이 고통받고 있다.

    교회 안에 이런 편견이 존재하는 한 사모는 사도의 역할을 제대로 하기도 전에 짓눌린다. 그래서 점점 면역력 제로, 만성위장병과 우울증에 시달리게 되는 것이다.

사모의 숙명, 학내 왕따 못지않은
가혹한 따돌림

사모들에게 가장 힘든 것 중 하나는 마음을 털어놓을 사람이 별로 없다는 것이다. 사랑 씨도 예외는 아니다. 그런 사랑 씨가 유일하게 그녀의 이야기를 쏟아 놓는 사람들이 있다. 남편이 신학대학원을 준비하면서 만나게 된 사모들의 모임이다.

남편이 다니던 신학대학원 주변에는 그 학교에 재학 중인 학생의 아내인 예비 사모들이 많이 살았다. 남편들이 스터디그룹 등을 통해 함께 신학대학원을 준비할 경우 그 아내들도 남다른 관계로 발전한다. 대개 신학교를 졸업한 남학생들은 졸업 후 결혼하고 교회나 사역단체에서 파트타임 사역자로 일하면서 신학대학원을 준비한다. 그렇게 모인 신학대학원생의 아내들이 모여서 기도모임을 시작했다. 뭐가 되었든 그 기도 모임에서 사모들은 비로소 기도 제목이라는 합당한 이름하에 자신들의 고민들을 쏟아내곤 했다.

그렇게 시작된 사모들의 기도모임은 가장 힘든 순간에 함께 기도와 교제의 시간을 가졌던 나름 오래된 사도들의 모임이다. 시간이 흐르다 보니 주변에 소문이 나서 이따금 갓 사역을 시작한 사모들이 합류하기도 한다. 마음을 터놓을 곳이 없는 사도들은 부교역자로 혹은 파트 사역자로 각기 다른 곳에서 사역하는 남편을 내조하느라 바쁜 와중에도 이 모임만큼은 열심히 참석하는 편이다. 이 모임은 사모들이 그동안 졸여왔던 마음을 터놓고 크게 숨을 쉬며 진솔하게 삶의 이야기를 나눌 수 있는 일종의 숨통이기 때문이다.

이곳에서 만난 은영 사모의 고민은 이러했다. 청년부를 섬기는 은영 사모의 남편 박 전도사는 경기도 부천에 있는 한 대형교회에서 꽤나 인정을 받고 있는 전도사다. 3년 전 박 전도사가 그 교회 부임을 했을 때 겨우 10명 남짓했던 청년부가 지금은 150명을 웃돌만큼 부흥했다. 은영 사모도 남편이 갖고 있는 남다른 기도의 은사라든가 말씀의 은사들은 익히 잘 알고 있었다. 함께 선교 단체 간사로 섬기다가 만났고 하나님을 향한 그 순수한 마음이 좋아서 7년 전 결혼했다. 주변에서는 남편이 사역을 잘하니까 어딜 가든 환영받을 것이라고 은영 사모를 부러워한다. 틀린 말은 아니었다. 사역지를 옮길 때마다 남편은 인정을 받았고 그때마다 은영 사모는 별로 한 일이 없어도 남다른 내조를 하는 모범적인 사모로 부각됐다. 적어도 이 교회에 부임하기 전까지는 그랬다.

지금 출석하는 교회에서는 담임목회자의 사모를 '왕사모님'이라고 부른다. 부목사를 비롯한 젊은 목회자의 아내인 사모들은 이 왕사모님의 눈 밖에 나지 않기 위해 전전긍긍했다. 주일에 그런 것은 은영 사모도 납득할 만했다. 문제는 2주에 한 번씩 모이는 사모들의 기도 및 친목모임. 이날은 오전에 모여 각자 남편의 근황과 사역의 내용을 나누고 기도를 한다. 부교역자들이 많기 때문에 서로의 사역을 이해하거나 교제할 수 있는 좋은 기회이기도 했다. 그리고 나면 점심을 먹으며 교제를 나누기 위해 점심 장소로 이동을 하는데 어느 날, 은영 사모를 늘 불안하게 하던 일이 벌어지고 말았다.

"은영 사모는 내 차를 타."

왕사모님의 호출이다. 자가용이 없는 은영 사모는 사실 자기 또래의 전도사 사모의 차를 타고 가는 것이 제일 편하다. 늘 그래 왔다. 그런데 그 날은 왕사모님이 은영 사모를 지명해서 함께 타고 가자는 것이었다.

왕사모님 차는 왕사모님이 특별히 아끼는 사람들이 타는 것으로 유명하다. 왕사모님은 자신이 관심이 있는 사역자의 아내나 교회에서 남다른 칭찬과 인정을 받는 사역자의 아내를 지명해서 자기 차에 태운다.

왕사모님의 옆 자리에 앉아 있는 은영 사모는 초긴장 상태인데 드디어 남편 사역에 대한 왕사모님의 질문이 쏟아지기 시작했다. 은영 사모는 집중력을 총동원해서 마치 외줄 타기를 하듯 해야 할 말과 하지 말아야 할 말들을 계산하며 조심스럽게 대답을 해나갔다.

"청년들이 이번에 수련회에서 너무 은혜를 많이 받았다고 하더라고."

"교회서 기도와 지원을 많이 해주셔서 그런 것 같아요."

"그래. 우리도 기도 많이 했지. 요즘처럼 청년들이 힘든 시간이 없으니까. 그래도 박 전도사님 말씀이 워낙 탁월하니까 청년들이 그렇게 변화가 되겠지."

"다, 하나님의 은혜인 것 같아요."

"그러게 은혜가 많아. 우리 청년부에. 우리 담임목사님도 그렇고 나도 그렇고 청년부 놓고 고민이 많았어. 사실 청년부가 살아야 장년부가 부흥을 하잖아. 좋은 사역자 놓고 기도를 오래 해왔는데 박 전도사님 사역하는 모습을 보니 '바로 하나님의 응답이구나'라는 생각에 그저 감사할

따름이야."

"그렇게 봐주시니 정말 감사합니다, 사모님."

"민수 팔 다친 곳은 괜찮아? 애들 다 그렇게 다치며 크는 거야. 친정어머니 무릎 수술은 잘 끝나셨고? 하반기 청년부 훈련이 들어가는 것 같던데, 박 권사님 아들 재용이 특별히 관심이 필요할 거야. 재용이 잘 따라오고 있지?"

다행히 대화를 잘 넘겼다. 하지만 은영 사모는 내내 한 사람이 마음에 걸렸다. 왕사모님이 은영 사모의 이름을 부르는 순간, 자신에게 꽂혔던 사모들의 시선 중에 수석 부목사의 사모가 있었다. 수석 부목사는 이전 교회에서 사역을 헌신적으로 잘하는 것으로 소문이 자자했다. 그래서 일종의 '스카우트' 제의를 받고 온 사역자였다. 그렇게 7년이 지났는데 웬일인지 교회에서는 담임 목사의 기대에 부응하지 못했고 최근에는 한 장로와의 갈등으로 담임목사님의 근심거리로 전락했다. 자연스럽게 수석 부목사의 사모도 왕사모님의 눈 밖에 났다. 차분한 성격의 수석 부목사 사모의 낯빛이 날이 갈수록 어두워져 가는 것을 보고 안타깝게 여겨오던 은영 사모였으니, 그녀가 앉아야 하는 왕사모님의 옆자리에 자신이 있는 것이 바늘방석이었다.

식당에 도착하자 은영 사모는 어떻게든 왕사모님 옆자리를 면해보려고 화장실을 들렀다가 들어갔다. 하지만 여전히 왕사모님 옆자리는 비어 있었고 수석 부목사의 사모는 멀찍이 다른 자리에 앉아 있었다. 왕사모님의 손짓에 은영 사모는 다른 자리는 생각도 못한 채 옆 자리를 지켜야 했다. 밥이 어디로 들어가는지 모르게 식사를 끝냈다.

다행히 왕사모님은 점심 식사가 끝나자마자 다른 일정을 소화하기 위해 교회로 돌아갔다. 다른 사모들은 마음 편히 근처에서 차를 마시고 가기로 했다. 그때부터 보이지 않는 소외가 시작됐다. 오전 기도모임 내내, 그리고 점심 식사 내내 고개를 숙이고 말이 없던 수석 부목사의 사모의 목소리가 들리기 시작하면서부터 자연히 은영 사모를 향한 왕따가 시작됐다. 수석 부목사의 사모는 이야기를 이끌어가며 다른 부교역자 사모들과 눈을 맞춰가며 소리 내어 웃고 다른 사람들의 이야기에 맞장구를 치며 활기차게 대화를 했지만, 단 한 번도 은영 사모와 눈을 맞추지 않았다. 그 날 그 자리에서 누구도 은영 사모에게 말을 거는 사람이 없었다. 그 삼십 여분 동안 은영 사모는 완전히 투명인간이 된 기분이었다.

성격이 좋은 은영 사모는 어느 모임에서든 분위기 메이커 역할을 하곤 했지만 이상하게 사모들의 모임어서만큼은 그게 잘 되지 않았다. 기분이 나쁘다고 이 모임을 안 갈 수도 없다. 다른 모임들은 자신의 의지에 따라 마음대로 결정할 수 있지만, 남편이 사역하는 교회의 사모들의 모임에 빠진다는 것은 있을 수 없는 일이었다. 그래서 학창 시절에도 경험해보지 않았던 가혹한 왕따를 겪고 있으면서도 그 자리에 계속 나가고 있는 중이었다.

그 이야기를 들은 많은 사모들이 공감하며 진심으로 안타까워했다. 그런데 사랑 씨가 가장 안타깝게 여긴 말은 그다음에 들려왔다. 은영 사모는 이 모든 어려움이 '자신의 잘못'이며 '하나님이 자신을 연단하시기 위한 것'이므로 회개의 기도를 통해 이 모든 것을 돌이키고 싶다고 말했다. 사랑 씨는 그 말에 더 충격을 받았다. 물론, 우리가 어려움을 당할 때 그 상황의 주인이신 하나님을 바라보며 그 과정을 통해 더욱 인내하고 성장하게 하실 하나님을 기대하는 태도는 필요하다. 하지만, 갈등의 원인을 제대로 보지 않고 무조건 자신의 탓으로 돌리는 사모들의 전형적인 모습이 은영 사모에게도 나타나고 있었던 것이다.

이유도 모르고 뺨을 맞으면서도 '모든 것이 하나님이 나를 위한 연단'이라고 말하며 '무엇을 회개해야 할지도 모르면서 회개를 하면 된다'는 식의 사고방식은 신앙적 겸손도 인내도 아닌, 위험한 신앙의 균열이자 심각한 자기 속임이 아닐까.

사모는 감정도,
인격도 없는 AI?

오랜만에 사모 기도 모임에 참석한 사랑 씨. 오늘은 민정 사모의 이야기가 화제였다. 사실 이 얘긴 웃어야 할지 울어야 할지 모를 이야기이다. 민정 사모가 최근에 교회 한 교인에게 민망한 일을 당했기 때문이다.

민정 사모의 막내 동생은 중국에서 생활을 하고 있다. 이제 의류 사업을 시작한 터라 경제적으로 여유가 없지만 이따금 입국을 하면 일곱 자매들의 가방이나 옷들을 사다 주곤 한다. 민정 사모의 일곱 자매들은 대부분 선교사이거나 목회자의 아내이다. 그런 자매들을 위해서 민정 씨의 동생은 여자들이 좋아하는 명품 짝퉁을 가져다주곤 한다.

민정 사모는 여동생이 이런 선물을 갖다 줄 때면 마치 생일을 맞은 것처럼 감사하고 기뻤다. 비록 짝퉁이긴 해도 동생의 정성 어린 선물은 사역에 지치고 고단한 민정 씨의 일상에 단비와도 같았다. 명품을 거의 비슷하게 흉내를 낸 가방이나 옷은 확실히 집 근처 시장에서 산 것과는 차원이 달랐다. 그래서 한 번씩 걸칠 때마다 기분 전환용으로 안성맞춤이다.

민정 사모는 학창 시절까지 부유한 가정에서 자랐다. 제철 사업을 하셨던 아버지는 해외 출장을 다녀오실 때면 아내와 딸들에게 해외 유명 브랜드의 장난감이나 옷을 사다 주곤 했다. 경제적으로 어려움이 없었기에 다른 친구들이 입어보지 못한 백화점 정장 옷 등을 그 시절엔 실컷 입어봤다.

민정 사모의 아버지는 교회 개척 멤버로 교회 안에서 십일조를 가장 많이 내는 충성된 종이기도 했다. 그래서 아버지가 간암으로 돌아가신 후에도 민정 씨와 가족들은 교회에서 학비와 생활비를 도움받을 수 있었다. 그것은 그 가족에게 허락하신 하나님의 은혜였고 그것에 감사하는 마음으로 민정 씨의 자매들은 대부분 사역자의 길을 걷거나 사역자의 아내가 됐다.

그중에서도 민정 씨는 좀 다른 삶을 사는 듯했다. 민정 사모는 대학시절 교회 초등부 교사로 봉사를 하다가 지금의 남편은 만나 결혼했다. 당시 청년사업가였던 남편은 언제나 교회 회식을 다 책임지곤 했다. 그런 남편의 모습에서 민정 사모는 아버지의 모습을 보곤 했다. 그런데 결혼 후 남편은 사업을 전환하다가 실패해서 무직자로 몇 년을 보냈고 그 사이 하나님의 인도하심을 받아 사역자가 됐다. 그 바람에 민정 사모도 뒤늦게 사역자의 아내, 사모가 됐다.

  사모의 삶은 생각 이상으로 갑갑하고 힘들었다. 그런 민정 사모에게 동생의 방문과 몇 개의 명품 짝퉁 선물은 어린 시절의 행복과 따뜻했던 추억을 떠올리게 문이자 갑갑한 사모 일상의 숨통이었다.
  그러던 그런 동생의 선물을 들고 수요예배에 참석했던 어느 날, 일이 나고 말았다. 예배가 끝난 뒤 한 여집사가 다가오더니 말을 걸었다.

"어머. 사모님! 새로운 가방 드셨네요."
"아, 네에."
"확실히 명품 브랜드라 디자인이 눈에 확 들어와요."
"아~ 예, 중국에서 사업하는 동생이 사다준 거예요."

  민정 사모는 교인이 자신의 변화를 아는 척해준 것에 기분이 좋아져서 중국에서 사업하는 동생 자랑을 하기 시작했다. 그런데 몇 마디 하기도 전에 민정 사모의 말을 가로

챈 교인이 기다렸다는 듯이 이렇게 말했다.

"그런데 이거 진짜는 아니죠?"
"예?"
"제가 샤넬을 좋아해서 웬만한 디자인은 다 알거든요."

순간 민정 사모는 자신도 모르게 주변을 돌아보았다. 그곳은 예배당 문 밖. 마침 예배를 마치고 나오던 사람들이 두 사람의 대화를 듣고 있었다. 사람들과 눈이 마주치는 순간 머리를 둔기로 맞은 듯 휘청했다. 머리가 하얘지고 수치심에 고개를 들고 있을 힘이 완전히 다 빠져나가는 듯했다. 하지만 민정 사모는 필사적으로 내색을 하지 않으려고 노력하며 겨우 입을 뗐다.

"아…, 그렇죠. 진짜는 비싸서 못 사잖아요."
"아, 사모님도 알고 계시는구나. 혹시 모르시나 해서"

마치 당연한 일을 했다는 듯 돌아서는 집사의 뒷모습이 채 시야에서 사라지기도 전에 민정 사모는 걸려오지도 않은 전화를 받는 시늉을 하며 서둘러 그 자리를 빠져나왔다.
그 날 이후로도 민정 사모는 종종 교인들에게 그런 식의

무차별 언어폭력을 당한 적이 있다. 그래서 '교인들과는 가능한 멀리 떨어져 있어야 한다'고 다짐을 하게 됐고 그런 민정 사모의 이야기는 다른 젊은 사모들에게 강력한 공감을 얻었다.

　사랑 씨 역시 민정 사모의 마음을 충분히 이해할 수 있었다. 사랑 씨도 교인들로부터 비슷한 일을 당한 적이 있기 때문이다. 이유는 알 수 없지만 교인들은 때로 사모가 마치 아무런 감정도 인격도 없는 사람인 듯 대할 때가 있다. 아니 있는 정도가 아니라 상당히 많다. 그래서 사랑 씨도 교인들과 만날 때 반가움보다 두려움과 경계심이 앞선다.
　시간이 지나면서 사랑 씨는 그런 교인들의 행동에서 한 가지 공통점을 발견하게 됐다. 사모에게 다가오는 사람들 중에는 사모 자신에 대해 관심을 가지고 다가오는 사람들은 거의 없는 사실이다. 즉 목회자에 대한 궁금증과 호기심을 풀기 위해 사모에게 다가오거나 목회자에게 거는 기대를 가지고 다가오기 때문에, 사모의 존재는 잘 보지 못한다. 그래서 종종 사모라는 마네킹에 자신들이 생각하는 목회자의 아내의 상에 어울리는 옷을 입히려고 애쓰거나 그런 옷을 입고 있기를 원한다. 그래서 자신의 기대와는 다른 모습을 하고 있는 사모에게 불편함과 불만을 쏟아놓는 것이다.

그런 반면 사모에게는 그런 상황에서 자신을 지킬 수 있는 도구가 아무것도 없다. 무엇보다 남편은 영적인 권위가 있는 목자이지만 그녀에게는 권위가 없다. 그래서 목회자가 아끼는 인형이나 교회 안 사람들의 눈에 잘 띄는 곳에 진열된 조형물 같이 취급을 받는다. 그런 무방비 상태에서 교인들이 무심코 던지는 한 마디, 행동 하나, 눈빛 한 번에 마음과 감정과 인격과 자존심이 무너지고 있는데 그 사실을 이해하는 사람은 별로 없다.

물론 사역자의 아내이니 보통 사람의 아내보다는 더 신앙의 경주를 하며 인내하고 행동거지를 조심해야 하지만, 사모 역시 한 사람의 여성이며 존중받아야 할 성도다. 어떤 말을 해도 화를 내지 않고 친절하게 응답하는 인공지능 로봇이 아니다.

그럼에도 불구하고 사역자의 아내이기에 인간적인 방법으로 저항할 수 없는 사모는 무방비 상태에서 상처를 받는 일이 허다하다.

전시용 삶을 세팅하며
죄책감을 느끼는 사모들

"언니, 이번 주 월요일 뭐해? 남편들 이번에 성지순례를 갔으니 우리끼리 오랜만에 뭉쳐볼까."
"그럴까. 미라 사모가 좋아하는 해물찜 재료 준비해서 갈게. 오랜만에 외박을 하려고 하니 설렌다."

그렇게 남편들이 성지순례를 간 사이 자유 아닌 자유의 몸이 된 두 사모가 함께 밤을 보내기로 했다. 사랑 씨와 미라 사모는 기독교 동아리 활동을 함께 한 대학 선후배 사이로, 이날 같은 동아리의 다른 여자 후배들도 모여서 함께 시간을 보내기로 했다. 하루 종일 즐거운 시간을 보내고 밤이 되었다. 잠자리에 들기 위해 세수를 하고 나왔는데 미라 사모가 거실에서 이렇게 외친다.

"언니, 화장품은 안방 욕실에 있는 화장품을 써요. 거실에 있는 화장품 말고."

그제야 보니 거실에 있는 화장품과 안방 화장실에 있는 화장품이 달랐다. 거실에 있는 화장품들은 그냥 로드 샵에서 부담 없이 구입할 수 있는 1만 원 내외의 화장품들인 반면 안방에 있는 화장품은 백화점에서나 구입할 수 있는 다소 고가의 화장품들이었다. 고개를 갸웃하는 사랑 씨를 위해 미라 사도가 설명을 덧붙였다.

"거실에 있는 화장품은 그냥 장식용이야. 교회 성도들이 남편 따라서 이따금 집으로 몰려올 때가 있거든. 백화점용 화장품을 내놓을 수 없겠더라고. 언니 이것도 아주 중요한 내조야. 내가 이런 것까지 이렇게 신경 쓰며 살 줄은 정말 몰랐어."

미라 사모의 고향은 부산이다. 해운 운송업을 하셨던 아버지 덕에 미라는 경제적으로 부족함이 없이 컸다. 위에 오빠가 있었지만 막내딸인 미라를 아버지는 그 누구보다 애지중지 키우시며 예뻐하셨다. 그렇게 사랑을 많이 받고 자란 미라는 성격이 밝고 명랑했다.

미라의 아버지는 외동딸이 사모의 삶을 산다고 했을 때

반대했다. 미라 아버지도 교회 중직으로 고향 교회를 열심히 섬기고 있었지만 사모의 삶에 대해 들은 바가 있었던 그녀의 아버지는 유복하게 자란 딸이 그 삶을 감당해내지 못할 것이라고 걱정하셨던 것이다. 그런데 온화하고 신실한 성품의 사윗감을 보고는 어쩔 수 없이 결혼을 승낙했다.

결혼 후 미라 사모의 남편은 파트 사역자로 일을 시작했다. 미라 사모 역시 열심히 교회 일을 도왔다. 그런데 얼마 안가 미라 사모의 옷차림이 교인들의 구설수에 오르기 시작했다. 그 말을 전해 들은 동료 사모가 전화를 해주었다.

"미라 사모, 지난 주일에 입었던 그 정장, 앞으로는 교회에 안 입고 오는 게 좋겠어."

"왜요?"

"그거 백화점에서 꽤 값이 나가는 브랜드잖아요. 사모가 무슨 돈이 많아서 그런 옷을 사서 입느냐고 여 집사님들 사이에서 말이 있었다나 봐."

"사모는 좋은 옷도 못 입나요? 남편이 받는 사례로 산 것도 아니고 친정에서 사준 건데."

"사모의 자리가 워낙 교인들 눈에 잘 띄잖아요. 그래서 사모가 옷을 잘 입어도 성도가 시험 들고 못 입어도 시험이 들고."

"사모가 입은 옷이 왜 시험 거리가 되는 거죠."

미라 사모는 이해하기 힘들었다. 사실 사역자인 남편의 사례로는 자신이 마음에 드는 옷을 사 입을 형편이 되지 않았다. 그래서 결혼 전에 산 옷들을 입고 다녀야 하는 형편이었다. 그 사실을 알게 된 친정어머니가 종종 옷을 사 주시거나 사서 보내시곤 했다. 그나마도 목회자 아내인 딸의 입장을 생각해서 무던하고 눈에 잘 띄지 않는 단정한 정장들이었다. 내키지는 않지만 미라 사모도 자신이 즐겨 입던 화려한 옷들을 버리고 사역자의 아내답게 스타일을 열심히 바꾸고 있는 중이었다.

그런 미라 사모에게는 교인들의 입방아가 억울했지만, 사역자인 남편을 생각하면 더 이상은 교인들의 눈총을 받을 짓은 하지 말아야 했다. 아니 연약한 성도들의 마음을 편하게 해 줄 필요가 있다는 생각을 하게 됐다.

그래서 미라 사모는 교회용 옷과 화장품 등을 중고 시장과 로드샵에서 따로 준비하기 시작했다. 이른바 '교인들을 위한 전시용 삶'을 세팅하기 시작한 것이다. 과연, 얼마 가지 않아 남편이 전임 사역자가 되었고 청년을 비롯한 교인들이 집에 툭시에 찾아오는 일이 잦아졌다. 하지만 미라 사모는 걱정이 없었다. 더 이상 미라 사모가 교인들의 구설수에 오르는 일은 없었기 때문이다.

하지만 언제부턴가 미라 사모의 해맑던 얼굴에 그늘이 지기 시작했다. 괜찮을 거라고 생각했던 그녀의 이중생활이 죄의식으로 자리 잡기 시작한 것이다. 언제까지 친정에서 보내오는 옷가지나 화장품 등은 안방 욕실과 장롱에 숨겨놓고 마치 중대한 범죄를 숨기고 사는 사람처럼 살아야만 하는 것인지 암담하기만 하다. 남편의 사역을 돕기 위해선 어쩔 수 없다고, 이것이 최선의 지혜로운 내조라고 자신을 설득하려 하지만, 쉽게 마음이 편해지지 않았다.

사실, 사역자의 아내라는, 즉 평범한 남자의 아내와는 다른, 조금은 특별해 보이는 위치에 있는 사모들은 교인들의 시선으로부터 완전히 자유로울 수는 없다. 실제로 사랑씨가 알고 지내던 한 부목사 사모는 어떤 집사로부터 '사모들을 보면서 같은 여성으로서 경쟁심을 느낀다'는 말을 들은 적이 있다.

또 교인들의 심리치유상담을 하는 사역자들은 일부 목회자를 영적으로 신뢰하고 의지하는 만큼 그 아내인 사모에게는 경쟁심과 시기심이 들어 영적으로 힘들어하는 여성 교인들이 있다고 말한다. 이런 연약함들이 사모의 옷차림, 외모 그 외 사모가 가진 것들에 대한 건강하지 못한 호기심과 비교의식으로 감정적인 불안을 낳는 요인이 될 수는 있다.

그러나 근본적으로 목회자나 사모를 한 사람의 소중한 영혼으로 보고 품어주는 시각이 없는 한 교회 공동체가 사모를 향해 내미는 그릇된 잣대는 사라지지 않는다. 사람마다 제각각 개성이 있듯이 사모들이 살아온 길도 제 각각이고 경제적 상황도 제 각각이다. 다양한 계층의 사람들이 남편이 목회를 시작함과 동시에 사모의 길에 들어선 경우가 대부분이다. 각자의 처지가 다 다르다는 말이다. 사모의 외적인 요소에 좀 더 유연하게 반응할 수는 없는 것일까. 미라 사모의 이중생활은 교회의 잘못된 편견이 만들어낸 부끄러운 유산이다.

목회자에겐 양무리,
사모에겐 시어머니

"여보, 새로 온 박 집사님 어머니 양육 좀 부탁해요."

어느 날 남편이 평상시처럼 효진 사모에게 교인의 일대일 양육을 부탁했다. 새로 등록한 여 집사님의 시어머니였다. 그런데 그 말에 효진 사모는 선뜻 대답을 하지 못했다. 그동안 효진 사모가 일대일 양육을 한 대상은 주로 또래 혹은 자신보다 10여 세 정도 나이가 많은 중년 여성들까지였다. 완전 노년의 여성을 일대일 양육한 적도 없었지만 그 연령대는 효진 사모에게 너무도 벅찬 상대였다. 단순히 나이차가 많아서는 아니었다. 효진 사모에게는 3년 전에 돌아가신 시어머니로 인한 트라우마가 아직 가슴속 깊이 자리 잡고 있었다.

효진 사모의 시어머니는 교회 권사로 일찍 시아버지와

사별을 한 후 다들 하나만 바라보고 살아오신 분이다. 아들에 대한 자부심이 강했고 아들 하나면 충분한 사람이었다. 그런 시어머니는 교회 안에서는 인자하고 온화하신 성품의 권사님이셨지만 집에서는 반찬 타령부터 시작해서 효진 사모의 화장, 옷차림까지 모든 것을 간섭하고 통제하며 효진 사모의 숨통을 죄는 전형적인 옛날 시어머니일 뿐이었다. 게다가 아들이 목회자다 보니 자신이 생각하는 사모의 기준을 들이대며 효진 사모를 압박하곤 했다.

"애, 너는 사모가 되어가지고 그렇게 새벽기도를 안 갈 수가 있니?"
"사모가 되어가지고 립스틱 색깔이 그게 뭐니. 쥐 잡아 먹은 줄 알겠다."
"이 목사, 얼굴이 점점 야위는데 보신이 될 만한 것이라도 해먹이지. 반찬이 이래 가지고 멀쩡한 사람도 쓰러지겠다."

충청남도 금산에서 농사를 짓고 사셨던 시어머니는 수시로 서울 집에 들러 몇 달씩 묵고 가기 일쑤였다. 효진 사모의 결혼 생활은 시어머니로 인해 출발부터 고난의 흙탕길이었다.

효진 사모는 믿음이 없는 집안에서 태어났다. 친정엄마가 신앙생활을 하지 않았기에 신앙 좋은 시부모에 대한 로망이 있었다. 남편과 결혼할 때 믿음이 좋은 남편의 모습도 마음에 들었지만 어머니가 믿음이 훌륭하신 분이라는 사실에 더욱 믿음이 갔다. 그런데 결혼을 하고 나서 보니 기대했던 것과는 완전 딴판이었다.

시어머니는 더 많은 종교적 굴레로 효진 사모를 관리하고 간섭하려고 들었고 수시로 전화나 문자를 통해 통제 아닌 통제를 받으며 살아야 했다. 시어머니 입장에서는 효진 사모의 행동거지로 인해 아들 목회에 방해가 되지 않게 하고 효진 사모가 교인들의 입방아에 오르지 않도록 하기 위해서 한다고 하지만, 효진 사모에게는 그 어떤 교인들의 힐난이나 비난보다 시어머니의 눈총과 비난이 더 아팠다.

3년 전 시어머니가 지병인 고혈압으로 돌아가신 뒤, 효진 사모는 비로소 마음대로 숨을 쉬며 살 수 있었다. 끝이 보이지 않던 어둠의 터널을 비로소 벗어났다는 생각에 결혼 이후 처음으로 이제 행복하게 살 수 있을 거 같다는 자신감도 생겼다.

그리고 얼마 지나지 않아 남편은 경기도 신도시에 위치한 한 교회 담임목사로 부임했다. 경쟁률이 높았던 담임목사 청빙 과정에서 남편이 최종적으로 결정됐다는 사실이 알려지자 주변에서 많은 지인들이 축하인사를 해왔다. 이제 시어머니가 원하는 방식이 아닌 효진 사모가 생각하는 목회 내조를 할 수 있는 기회가 왔다고 여겼고 그 어느 때보다 의욕이 높았다.

그렇게 부임한 해 첫겨울이 되었고 김장철이 됐다. 효진 사모는 교회 권사들이 모여 김장을 한다는 소식을 듣고 가려고 마음을 먹었다. 물론 효진 사모는 자기 집 김장도 하지 않는 신세대 사모였다. 그리고 실은 김장을 척척 해낼 만큼 몸이 튼실하지도 않은 스타일이었다. 그래서 남편은 몸이 그다지 건강하지 못한 효진 사모를 위해 가지 말라고 조언했지만, 효진 사모는 70대 노 권사님들까지 모두 참석한다는 소식을 들은 터라 마음이 편하지 않았다. 그래서 부임 첫해이니 얼굴이라도 내밀어야 한다며 교회로 향했다.

"어머, 사모님이 오셨네."
"아휴. 힘들 텐데 뭐하러 오셨어요?"

처음에는 그녀를 반기는 말로 들었다. 그런데 그것은 그냥 인사치레였다. 권사님들의 진짜 속 마음은 그다음부터 들려왔다.

"우리 원로 목사님 사모님은 일찍 와서 김장 준비를 하셨는데, 사모님은 많이 바쁘신가 봐."
"집에서 김장은 담그고 사시는지 모르겠네."
"김장도 김장이지만 담임목사님 사모님은 주일에 한복 입으면 품위도 있고 좋아 보이더라고."
"그래서 우리 원로 목사님 사모님은 늘 한복만 입으셨잖아."

그렇게 시작된 권사님들의 말은 하나같이 새로 온 젊은 담임목사의 사모에게 던지는 '충고 아닌 충고'로 점철됐다. 자신들이 원하는 사모로 만들기 위해 이전 원로 목사 사모님까지 들먹이며 효진 사모를 훈육하기 시작했다. 그런 나이 드신 권사님들과 함께 지내면서 효진 사모는 내내 돌아가신 시어머니를 떠올렸고 그렇게 끝날 줄 알았던 또 다른 형태의 시집살이가 시작됐다.

그런 효진 사모에게는 시어머니 연배의 여성 교인들을 일대일 양육하는 것은 거의 불가능했다. 양육은커녕 갈수록 그 연배 여성 교인들에 대한 트라우마가 심각해져가고 있다.

이 연령대의 여성은 유난히 다사다난했던 젊은 시절, 믿음으로 환란을 이기며 믿음 안에서 자녀들도 잘 장성시킨 사람들이 대부분이다. 그런 이들이기에 상대가 누구든 그 사람이 어떤 삶을 살았든, 어떤 상황에 있든 상관없이 자신이 살아온 방식, 자신이 걸어온 믿음의 길, 자신이 생각하는 이상적인 목회자와 사모의 상을 주장한다. 그런 이들과의 만남은, 언제나 상처와 무의미한 시간의 낭비로 끝나곤 했다.

효진 사모는 지금도 가능한 모든 방법을 동원해서 그들과의 만남을 피하며 산다. 그러느라 남편에게 맡겨주신 양무리로 사랑하지 못한다며 책망을 받기도 하지만, 아무에게도 말할 수 없는 그녀의 내적 상처로 인해 효진 사모는 점점 더 교회 안에서 고립되어 간다.

목회자도 직분자도 아닌
사모는 언제나 그림자처럼

소라 사모는 민주화운동이 한창이던 1980년대 신학교에서 민중 신학을 전공했다. 하나님의 공의에 대해 관심이 많았고 이 사회를 변화시키기 위해 사회 정의 실현과 말씀 전파가 시급하다고 믿었다. 격동의 시대를 살아가면서 노동자들의 현실이 너무나 안타까웠다. 최저 임금조차 지켜지지 않는 공장들, 그곳에서 수많은 젊은이들이 노동력을 착취당하고 있는 현실에 공의의 하나님을 전하고 싶었다.

 그녀는 말씀으로 학생들을 양육해 가며 죽어 있는 젊은이들의 지성을 일깨워주기 위해 노력했다. 이렇게 함께 노력하면 노동 현장도 사회도 변화될 것이라고 믿었기 때문이다. 지금의 남편은 함께 민중 신학을 하는 신학교에서 만났다. 남편은 아내의 이런 사회 참여에 적극 찬성했고 지지했다. 다들 여성이 신학공부 하는 것에 대해 색안경을 끼거나 여성 안수를 인정하지 않는 분위기에서 소라 사모는 남편과 함께 목사 안수까지 받았다.

두 사람의 꿈은 빈민촌에서 민중 사역을 하는 것이었다. 그래서 결혼을 하고 빈민 사역을 위한 일정 기간의 훈련을 마친 뒤 경기도 인천에 위치한 판자촌에서 천막 교회를 시작했다.

교인들은 일용직 근로자들이 대부분이었다. 알코올 중독자, 노숙인들도 종종 교회를 찾아오곤 했다. 하지만 남편의 사역은 진척이 보이지 않았다. 판자촌 사람들의 정서는 거칠었고 남편은 그들의 마음을 잘 보살피지 못했다. 교회 안에서 작은 트러블들이 일어날 때마다 뒷수습은 소라 사모가 감당해야 했다.

그럼에도 불구하고 교인들은 말씀 사역이나 기도 사역 등 사역의 전면에 소라 사모가 나서는 것을 원하지 않았다. 분명 담임 목회자인 남편과 갈등이 있었음에도 불구하고 소라 사모가 강단에서 말씀을 전하거나 성경을 가르치는 것에는 강한 거부 반응을 보였다.

신학교에서 여성목회의 중요성을 배우고 후배들에게 가르치기도 했다. 여성도 자신의 은사를 잘 발휘하면 남편과 교회 안에서 아름다운 동역을 해나갈 수 있으리라 믿었다. 그러나 현실은 그렇지 않았다. 교인들은 소라 사도에게 늘

'그림자처럼 있어주기를' 원했다. 사모들은 언제까지 벙어리처럼 교회의 한 귀퉁이를 지켜야 하는 것인지 한숨만 깊어간다.

40대 중반인 경희 사모 역시 남다른 열정의 소유자다. 고등학교 시절 학업을 중단할 위기에 놓였을 만큼 극심한 폐병을 앓았는데 충청남도 서산에 있는 어느 기도원 예배 중 극적인 치유를 경험했다. 지식으로 알았던 하나님을 인격적으로 만난 후 경희 사모를 통해 가정도 구원의 은혜를 누릴 수 있었다.

대학교 진학 후 경희 사모는 자연스럽게 선교 단체 간사로 사역을 해가며 학업의 시간을 이어갔다. 대학교에서 일본어를 전공한 경희 사모는 일본 선교에 뜻이 있었고 같은 뜻을 갖고 있는 지금의 남편을 만났다. 일본에서 사업을 하며 전문인 선교사로 섬기길 소망하고 준비해 나가기 시작했다.

선교 단체에서는 청년들의 대모 역할을 톡톡히 감당했다. 많은 청년들이 경희 사모와 상담하길 원했고 경희 사모의 기도와 상담을 통해 많은 청년들이 회복을 경험했다. 경희 사모는 하나님의 일을 할 때 빛이 났다. 한 주 가까이 되는 선교단체 수련회 기획과 총괄을 도맡아 할 정도였다.

말씀 사역에도 남다른 두각을 나타냈다.

 그렇게 열심히 사역하던 중 지금의 남편을 만났다. 남편은 우직한 사람이었다. 고아로 자랐지만 대학시절 선교 단체를 통해 하나님을 인격적으로 만난 후 하나님 한 분만을 신실하게 믿으며 신앙생활을 해온 사람이다. 경희 사모는 그런 남편의 진가를 익히 알고 있었다.

 결혼 후 함께 전문인 선교사로 나갈 것을 기도하며 준비했지만 그 길은 그들의 계획처럼 열리지 않았다. 이 일을 놓고 합심하여 기도를 하던 중 남편은 신학대학원을 준비하기로 결정을 내린다. 경희 사모는 환경 가운데 하나님의 인도하심이 있다고 믿고 있었기에 기꺼이 남편을 지지하고 지원했다. 경희 사도는 중학교 일어 교사로 일을 하며 남편의 학업을 도왔고 신학대학원에 진학한 뒤 한 교회의 중고등부 파트 타임 사역을 시작했다.

 당시 경희 사모는 파트 사역자의 사도였기에 주일예배만 참석해도 되는 입장이었지만, 남편의 사역을 위해 모든 일을 함께 하며 교회를 섬겼다. 그녀는 이곳이 선교지라고 여겼다.

 중고등부 교사가 부족할 때는 경희 사모가 그 자리를 채웠다. 수련회도 교사들과 함께 준비했다. 교사들 섬김은 물론이고 중고등부 기도모임 기획까지 중요한 사역의 자리엔 경희 사모가 있었다. 경희 사모는 이런 사역들이 그렇게 힘들지 않았다. 아니 오히려 사역을 하고 있을 때 그녀는 더 생기를 얻었다.

그런 열정이 하늘에 닿았을까. 공동체는 점점 부흥을 해나갔다. 남편은 그 교회 부목사로 섬기다가 서울 변두리에 교회를 개척했다. 섬겼던 교회에서 개척 자금을 지원해줬기에 상가 교회가 아닌 작은 건물에서 출발할 수 있었다.

함께 선교 단체를 섬겼던 간사들이 이 교회로 출석하기 시작했다. 그리고 경희 사모를 따르던 청년들도 모여들었다. 교회는 생각보다 빨리 정착을 해나갔다. 교회가 점점 부흥을 하면서 부서마다 사역자들이 필요해졌다. 경희 사모는 뒤에서 사역자들을 돕겠다고 마음을 먹었다. 사모인 만큼 예전처럼 전면에 나가서 사역을 해나가지는 않았다.

그런데 이상하게 시간이 갈수록 경희 사모의 몸이 아프기 시작했다. 그 원인을 알 수가 없었다. 교회를 개척한 이후 약 2년 동안 심한 근육 통증과 우울증 그리고 무기력증으로 집 밖을 나갈 수가 없었다.

아플 만큼 아픈 후에야 경희 사모는 자신이 미처 몰랐던 '병의 원인'을 알게 됐다. 그것은 바로 하나님의 섭리에 대한 의심과 갈등이었다. 선교단체 시절부터 공동체에 더 큰 영향을 미친 사람은 남편이 아닌 자신인데 모든 사역은 목회자인 남편 중심으로 돌아가고 자신은 그저 뒤에서 보조 역할만 한다는 사실에 그녀 자신이 납득하지 못하고 있다는 것을 깨달은 것이다. 그 사실을 알게 된 남편은 경희 사모에게 다시 사역 현장으로 돌아올 것을 권했다.

"예전처럼 같이 교회를 섬깁시다!"

그렇게 다시 사역 현장으로 돌아온 경희 사모는 노인들이 많이 모인 구역과 새 신자들을 돌보는 일로 사역을 시작했다. 얼마 가지 않아 경희 사모의 몸은 씻은 듯이 나았다. 새 신자들이 점점 많아지면서 경희 사모 혼자 노인 구역까지 감당하기는 어려웠다. 그래서 신학공부를 마치고도 사역을 하지 않고 있던 권사 한 사람을 리더로 세웠다. 그런데 그 리더 권사는 소그룹 구성원들과 불찰이 많았다.

상황이 심각해지자 경희 사모는 남편과 이 문제를 상의했다. 남편은 '당신이 노인 구역에 대해서는 나보다 저 잘 아니까 그 권사님께 직접 말을 하는 게 좋겠다'고 권했다. 다른 사역자들도 같은 의견이었다.

그래서 경희 사모는 리더 권사와 만나 이야기를 시작했

다. 그동안의 수고를 격려한 뒤 노인 소그룹 인도에 대한 노하우와 경험들을 나누어주었다. 신학을 한 권사이기에 조금만 상황을 알려주면 권사 자신도 힘들지 않고 공동체의 불만도 사라질 것이라 생각했다. 그런데 뜻밖의 상황이 벌어졌다. 경희 사모의 이야기를 듣고 있던 권사의 얼굴을 울그락 불그락 하더니 이렇게 말했다.

"사모님, 그렇게 사역이 하고 싶으시면 차라리 사모님이 신학을 하세요. 정식 목사가 되고 나서 나한테 훈계를 하세요. 목사도 아니고, 직분자도 아닌데, 사모면 집에서 내조나 잘할 것이지, 사역에 대해서 이래라저래라 하면 안 되죠."

그 날, 자리를 박차고 일어난 권사는 그 이후 교회에 출석하지 않았다. 경희 사모는 머리를 한 대 맞은 것 같은 충격에 휩싸였다. 다시 예전처럼 성도들 뒷전에 서있는 것이 옳은 것일까. 선교단체처럼 사모도 직분자들과 서로 동역하며 영혼들을 섬길 수는 없는 것일까.

사모들은 교회마다 다른 사모의 역할로 인해서 매우 혼란스러워한다. 사모는 다양한 기준을 가진 교회 안에서 알아서 욕먹지 않게 행동해야만 한다. 그 '알아서'라는 적정선을 지키는 것이 외줄 타기처럼 버겁기만 하다.

어떤 교회는 사모들이 성도들에게 성경공부나 성서 강좌를 열 수 있을 만큼 사역에 열려 있는 곳이 있는가 하면 어떤 교회는 사모들이 쥐 죽은 듯이 조용히 다녀야 하는 교회들이 있다. 분명한 것은 교회 사역자들이나 중직자들은 사모의 권위 아래 있는 것을 원하지 않는다는 사실이다. 아무리 사역의 역량이 있어도 그저 목회자의 아내일 뿐 그 이상도 이하도 아니라는 것이다.

사모의 권위는 인정하지 않은 채 사모의 역할만 강요하는 현실 속에 사모들은 더 무력감을 느끼고 있다.

평신도 시대, 부목사는 교회 직원, 사모는 주일 청소부?

사랑 씨는 대학부 때 자신을 양육했던 미숙 사모와 오랜만에 차 한 잔을 나눴다. 남편들이 사역자의 길에 들어선 것이 계기가 되어 미숙 사모와 꾸준하게 안부 연락을 하며 지내던 터였다. 오랜만에 만나 보니 미숙 사모 얼굴이 다른 때와 달리 수심이 가득했다. 나름 전문직 직장인으로 사회에서 안정적인 생활을 하고 있는 그녀에게 경제적 어려움만큼은 없을 텐데 무슨 일이 있는 것일까 싶어 조심스럽게 근황을 물었다.

미숙 사모는 약사다. 나름 전문직 여성으로서 지금까지 사회생활을 할 수 있던 것에 늘 감사한 마음으로 살아왔다. 남편은 주중에는 선교단체 간사로 활동하고 주말에는 파트 사역자로 섬기고 있다. 선교단체 간사 활동은 주로 후원으로 이뤄지기 때문에 남편의 수입은 일정하지 않다.

그런 상황에서 파트 타임이지만 교회를 섬기기 시작한

것은 경제적으로는 참으로 다행한 일이었다. 미숙 사모의 남편이 섬기기 시작한 교회는 평신도 리더십이 강한 교회다. 10년이 채 안 된 젊은 교회인데 300명이 넘는 성도들이 출석하고 있다. 교회 중직들은 담임목사가 교회를 개척하기 전부터 관계를 맺고 있던 사람들이었다. 담임목사가 과거 대학생 선교단체들을 중심으로 말씀 사역 등을 해 왔고 그곳에서 은혜를 체험한 사람들이 이곳에 주요 리더들로 자리를 잡았다.

수도권 도시 교회 특성에 맞게 젊은 성도들 중심으로 교인들이 구성이 되었고 이들의 학력도 다른 교회들에 비해 높은 편이었다. 담임목사는 교인들의 수준에 맞게 성경 강해 중심으로 성도들을 양육해 나갔다. 그 덕분에 성도들은 웬만한 목회자만큼의 성경 지식을 갖고 있을 정도로 수준이 꽤 높은 교회로 그 근방에서는 정평이 나 있었다.

남편이 이 교회에서 사역한다고 했을 때 가장 기뻐했던 사람은 미숙 사모였다. 담임목사의 영향력도 그렇고 성도들의 수준도 그렇고, 이 교회에서 말씀 사역에 관심이 많은 남편이 펼칠 수 있는 사역들이 많을 것이라 기대했기 때문이다.

미숙 사모가 과거 사역했던 교회는 집사와 권사들이 자식 자랑, 자신들이 누리는 풍요로운 삶에 관한 이야기들이 많아서 거부감이 많았다. 그런 미숙 사모에게 남편이 새로 섬기기 시작한 교회는 뭔가 좀 다르지 않을까 하는 기대가 있었다. 그런데 뜻밖의 어려움에 봉착했다. 어느 날 미숙 사모는 사경회에 관한 대화를 나누었다.

"여보, 이번에 교회 사경회에 지난번에 기독교 방송에 출연했던 분이 섭외가 됐다면서요?"
"아, 그래? 난 몰랐네."
"어머, 나도 아는데 어떻게 당신이 몰라요"
"하루 종일 사무실 일 처리하느라고 바빠서...."

그 대화가 끝난 뒤 미숙 사모는 남편의 안색이 굳어진 것을 보며 고개를 갸웃했다. 남편은 이 교회에 오면 더 활발하게 사역을 할 수 있을 것이라고 기대했다. 하지만 웬일인지 남편은 아직도 교회 사무실에서만 맴돌고 있었다. 이유를 몰라 답답했던 미숙 사모에게 하루는 젊은 사모들이 귀띔을 해주었다.

"여긴 평신도 중심 교회라서 그냥 평신도들도 사역자라고 보면 돼요."
"네에? 그게 무슨 말씀이세요?"

"담임목사님이 평신도 리더들과 중요한 일을 다 하시거든요."
"그럼 부교역자들이나 다른 사역자들 뭘 하죠?"
"교역자들은 교회 행정을 맡아서 하죠."

그제야 미숙 사모는 그날 저녁 남편의 어둡던 표정의 이유를 어렴풋이나마 알게 됐다. 그런데 남편만 그런 게 아니었다. 미숙 사모에게도 당황스러운 상황이 벌어졌다.

"사모님도 교회 오신 지 석 달이 넘으셨죠. 이제 적응도 어느 정도 되셨을 테니 청소를 시작하셔야 할 텐데?"
"아, 청소요? 교회 청소를 사모들이 하나요?"
"네. 구역별로 나눠서 청소를 맡아서 해요. 주일 식당 봉사와 설거지도 돌아가면서 해야 되고."

그제야 뭔가 이상하다 싶었던 교회의 돌아가는 풍경이 이해가 됐다. 담임목사님은 늘 평신도 중직자들과 교제를 나눴고 중요한 교회 일을 결정했으며 무엇보다 더 친밀해 보였다. 소명감 하나로 목회자의 길에 들어선 교역자들은 예배 준비며 교인 관리, 안내 및 운전 등을 하느라 정신이 없었다.

평신도를 잘 훈련시켜 일꾼으로 세우는 것에 대해 미숙 사모도 적극 찬성한다. 하지만 사역자들은 2-3년마다 교체되는 대용품처럼 여기고 중장기적으로 교회 큰 그림과 사역들은 평신도들을 중심으로 해나가는 교회에서 목회자는 물론 사모들 역시 한낱 청소와 식당의 일을 담당하는 일반 가정의 주부, 그 이상도 이하도 아니었다.

그런 교회 분위기 속에 미숙 사모도 새벽같이 아이를 깨워서 교회로 달려가 초등부 예배실 청소를 시작했다. 거기서 한 권사와 마주쳤다. 나이도 그다지 많아 보이지 않은 여성이 권사라는 중직을 받은 것도 좀 익숙하지 않은데 그 젊은 권사의 말이 미숙 사모를 놀라게 했다.

"사모님, 지난주에 무슨 일이 있으셨나 봐요?"
"딱히 일은 없었는데 왜 그러세요?"
"초등부실 청소가 잘 안 되어있더라고요. 창틀도 지저분하고. 오늘은 교회 학교 행사도 있는데 깨끗하게 좀 부탁드려요. 사모님."

마치 사모들을 청소부처럼 여기는 권사의 태도에 미숙 사모는 그 자리를 박차고 나가고 싶었다. 하지만 그 일은 시작에 불과했다. 사회에서는 나름 전문직 여성으로서 존중을 받는 사람이지만, 이 교회 안에서는 단지 사모라는 이유로, 상식적인 수준의 예절은 고사하고 마지막 자존심까지 내려놓게 하는 상황에 내몰리는 일이 허다했다.

미숙 사모의 어머니는 시골 교회 권사다. 어머니는 교회 화장실 청소부터 주변 청소를 도맡아 해오셨다. 평일에는 아무도 없는 교회 본당에 홀로 남으셔서 교회를 위해 중보기도를 하곤 하셨다. 미숙 사모는 그런 어머니를 가까이에서 보고 자랐다. 교회 권사들의 그런 모습이 귀감이 되어 사역자도 그렇게 교회를 말없이 섬기는 권사들을 따르고 존경했다. 미숙 사모가 알아왔던 권사의 모습은 그런 모습이었다.

미숙 사모도 그런 어머니에게서 성전을 소중히 여기는 마음을 배워, 교회를 청결하게 하는 일들을 꺼려하지 않았다. 교회 건물을 닦는 것도 예배라고 하신 어머니의 말씀이 그녀의 마음 안에서 지금도 메아리친다. 그런데 이 교회에 와서 그런 마음이 싹 가셨다.

미숙 사모의 이야기를 들으며 사랑 씨는 미안한 마음이 컸다. 사실 사랑 씨는 국내 평신도 사역의 선구자나 다름없는 미숙 사모 교회의 담임목회자를 무척이나 존경했었다. 매스컴을 통해 교회 사역의 중추적 역할은 평신도여야 한다고 목소리를 높일 때 얼마나 가슴이 떨리고 감동을 했던가.

그런데 그 담임목사의 부름을 받고 교회로 간 목회자와 그 가족은 평신도 중심이 아닌 평신도 절대 우위의 교회 질서 안에서 그저 2-3년 쓰고 교체하면 그만인 부품 취급을 받고 있었다는 사실에 사랑 씨의 가슴도 무너지는 듯했다.

목회자가 교회 안에서 제 자리를 잡지 못할 때 사모의 위치는 더욱 불안할 수밖에 없다. 굳이 평신도 중심 목회를 표방하지 않더라도, 이전보다 평신도들의 참여가 늘어나고 있는 요즘의 교회 안에서, 목회자가 단순히 교회를 운영하는 구성원 정도로 여겨지는 경향이 점점 강해지고 확산되고 있다.

물론 평신도 중심 목회가 갖고 있는 긍정적인 면도 있으나 그 흐름이 목회자를 무시하고 평신도들의 일방 통행적인 질서나 목회자 및 그 가족 무시, 그리고 편파적인 사역 기회의 배분을 의미하지는 않는다.

더구나 목회자는 복음 전파를 위해 부름을 받은 사람들이다. 물론 걸레질을 하고, 또 설거지를 할 수도 있으나 그것이 부르심일 수는 없다. 목회자와 평신도가 복음 안에서 가르치는 자와 따르는 자로, 목자와 양무리로 각자의 위치를 인정하는 가운데서 서로 존중할 때 진정한 복음의 전파가 이루어지고 한 성령과 하나의 경험을 공유한 신앙 공동체가 되는 것이 아닐까. 그런 교회의 기본적인 질서마저 무시한 평신도 중심은 복음적이지도, 성경적이지도 않다.

새로운 교회에 온 지 반년도 지나지 않아 미숙 사모는 물론 목회자인 그 남편 역시 품었던 사역의 꿈을 버렸다. 지금은 교회에 그들이 있는지 없는지도 모르는 부품의 하나가 되어 잠잠히 주님께서 부르심에 합당한 곳으로 인도해주시기만을 기도하고 있다.

심층 인터뷰
_사모가 생각하는 '사모의 길'

chap2

1장에서 간단히 케이스별로 살펴본 바대로 사모들이 처한 암담하고 절망적인 현실은 일반 사회는 물론 교계조차도 제대로 가늠하지 못하고 있다. 실제보다 상당히 완화시켜 정리한 1장의 사례들을 보고도 '설마 저 정도는 아니겠지?' '난 그런 적 없는데?' '너무 극단적인 사례들이 아닐까?' 하고 고개를 갸웃하는 이들이 분명 있을 것이다.

직접적인 고통을 받는 것만큼이나 사모들을 힘들게 하는 것은 이런 상황에 대해 교계의 그 누구도 제대로 이해해주는 사람들이 없다는 것이다. 사모들은 교회 안 '유리의 성' 안에 갇혀 있어 그 누구에게도 그들의 고통과 목소리가 들리지 않는다. 이런 사모들의 누적된 고통은 최근 많은 조사를 통해 그 심각성을 드러내고 있다.

한국기독교 상담심리 치료학회는 몇 년 전 목회자 사모

726명을 대상으로 정신건강에 관한 조사를 실시했다. 그 결과 참가자의 절반이 넘는 59.9%가 우울증세를 보였는데, 그중 10%는 '심각한 우울증'을 겪고 있는 것으로 알려졌다.

주요 스트레스 원인은 사역의 부담이 22%, 경제적 상황이 21%, 교인과의 관계 20%, 고충을 나눌 대상이 없음이 19%였고, 대다수의 응답자인 96%가 전문상담이 필요하다고 말했다.[3]

이 조사 결과는 교계에 상당한 충격을 주었는데 그중 한 사람이었던 저자는 사모들의 고충을 좀 더 심도 있게 조사를 할 필요가 있다고 생각했다. 이를 위해 다양한 연령의 사모들을 대상으로 심층 면담을 실시했다.

여기에 참가한 이는 최미순(가명, 50/결혼 20년 이상), 김가람(가명, 40/결혼 10년 이상), 고순옥(가명, 60/30년 이상)으로 모두 담임목회자의 사모들이다.

---

3 장은진, "목회자 사모의 정신건강과 상담에 대한 요구도 연구," 한국기독교상담학회지 16 (2008): 187-210.

사모의 부르심은,
나를 완전케 하시는 축복이자 십자가

심층 면담에서 가장 먼저 던져진 질문은 기독교인으로서의 정체성이다. 심층 면담에 참여한 세 명의 사모는 모두 하나님의 자녀 라는 정체성을 잘 알고 있었다. 사모라는 위치는 다른 사람을 참아주고, 용납해 주며, 품어줘야 하기에 더 영적인 확신과 성장에 힘쓰며, 어떤 상황에서도 하나님과의 친밀한 관계를 통해 극복하고 해결해나갈 수 있다고 생각하고 있다.

조사에 응한 사모들 중 가장 젊은 세대인 〈김가람/40대〉은 20여 년 전에 예수를 영접한 후에 바로 선교 훈련을 받게 된 사례이다. 결혼하게 된 동기도 선교단체에서 만난 지금의 남편과 선교사로 살아가기 위해 결혼을 했다. 부부가 함께 캠퍼스 선교사로서 사역하다가 우연한 기회에 교회 사역을 하게 되었고, 현재는 젊은 층(30-40대) 부부가 대부분의 구성원인 교회를 섬기고 있다. 그녀는 사도라는 역할은 목사의 아내라는 부수적인 존재보다 자기의식을 갖춘 주체로서 하나님의 사명자라는 정체성을 갖고 있다. 그래서 역할에서의 정체성도 선명한 부분이 있다. 하지만, 현재의 삶을 늘 점검하며 매사에 실수하지 않도록 노력한다는 고백을 들으면서 쉽지 않은 사모의 삶을 들여다본다.

〈김가람/40대〉
> 저를 통해서 거룩하지 못하고 모나고 이런 부분들을 다듬어 가신다고 해야 되는 것은 아닌가 하는 생각이 들어요. 제 생각에는 그러시는 것 같아요. 잘 못 참고 인내하지 못하는 부분들, 그런 것들을 이제 인내하기 원하시고 또 하나님보다 제가 더 앞장서서 막 나가려고 하는 그런 게 좀 많은 것 같아요. 그런 것들을 다듬어 가는 것 같아요.

〈김가람/40대〉도 사모의 삶을 통해 하나님이 인내하는 모습으로 다듬어가기를 원하신다는 고백을 한다. 하지만 하나님이 본인을 통해서 원하시는 일을 한다는 분명한 주체의식이 있기 때문에 어려운 사모의 길을 갈 수 있다고 생각된다.

〈최미순/50대〉은 준비 없이 사모의 자리에 서게 된 사례이다. 결혼 전에 신학을 공부한 남편에게 목회의 길을 갈 것이 아니라는 확답을 받고 결혼했기 때문에, 사업하던 남편이 결혼 생활 10여 년이 지나서 목회의 길을 간다고 했을 때의 놀라움을 아직도 생생하게 기억하고 있었다. 그녀에게는 이 사건이 큰 충격으로 다가왔다. 올 것이 오고 말았다는 느낌과 함께 남편에 대한 배신감이 들었으며, 결혼에 대한 후회도 밀려왔다. 그녀는 어릴 시절부터 믿음이 신실한 어머니에게서 많은 영향을 받았다. 권사였던 어머니는 그 당시 교회에서 목회자 가정의 힘든 모습을 보면서 '사모는 힘든 길이니까 절대 가면 안 된다'고 말하곤 했다. 또한 자신도 사모들의 힘든 모습을 많이 보았기 때문에 어머니의 조언에 동의하고 있었다.

　〈최미순/50대〉은 사모라는 역할을 가진 술어적 주체로서의 삶, 즉 사모 역할을 하는 삶에 대해 무게감을 많이 느끼고 있다. 자유로운 존재로서의 삶을 영위하고 싶었던 자기의식을 가진 주체와 사모의 역할로서의 주체로 인해 상충되는 경우가 때때로 있어 힘들어하는 모습을 보게 된다. 사모라는 역할로서의 주체에 대해 이렇게 답변한다.

〈최미순/50대〉

> 일반적인 사람으로 살아가는 거하고 사모로서 살아가는 거하고는 삶이 뭐랄까 구분되었다고 생각하거든요. 사모는 내가 가지고 있는 모든 것들을 절제해야 하고 또 뭐랄까 손해를 보더라도, 손해 보는 느낌으로 살아야 하고 양보해야 하고 절제해야 하고 뭐 그런 것들이 있는 것 같아요.
> 그리고 하고 싶은 것도 참아야 하고 내 감정도 솔직하게 표현을 하지 못하고 참아야 하죠. (중략) 내 생활보다, 내 가정보다 일단 교회 중심으로 생각해야 하고…. (중략) 내가 만약 평신도였다면 그냥 내가 내 감정대로 내 기분 나쁜 것, 내 모든 것 다 부딪히고 했을 텐데 사모가 되었으니까 사모는 이래야지, 그런 게 있기 때문에 나한테는 많이 참는 훈련 그런 거 있는 것 같아요.

답변 내용에서도 나타나듯이 〈최미순/50대〉은 사모로서의 정체성, 즉 역할로서의 정체성이 자아정체성보다 더 큰 비중을 차지하고 있다. 사모는 최우선이 교회 사역이기 때문에 그녀에게는 교회와 교인들의 일이 최우선이었고 그로 인한 긴장으로 인해 많은 스트레스를 안고 있다. 또한 참는 훈련을 시키시는 하나님을 만나고 있다고 고백한다.

사모가 아닌 일반 성도들 역시 하나님이 허락하시는 연단의 과정을 겪는다는 인식이 있지만 유독 사모들에게서 '하나님의 연단'을 강하게 인식하고 필요 불가결한 요소로 인식하고 있음을 알 수 있다.

〈고순옥/60대〉은 모태신앙으로 결혼 전부터 사모라기보다 하나님께서 자신을 어떤 모습으로든 사용하실 것이라는 기대를 가지고 있었다. 존재로서의 주체보다 사역으로서의 주체성만을 가지고 교회 사역에 열심을 낸 결과로 영육의 어려움을 겪은 경험을 다음과 같이 고백한다.

〈고순옥/60대〉
> 역할로서의 그런 삶을 너무 열심히 충실히 했던 것 같아요. 그러니까 때때로 나의 존재에 대한 그런 생각과 의식을 가지고 살아야 되는데 역할로서의 삶에 너무 집중하다 보니까. 근데 내가 육신적으로나 정신적으로나 영적인 어려움이 오면서 생각해 보니까 하나님이 그 역할로서의 삶을 쓰시기도 하지만 그것을 온전히 기뻐하시지 않는 것 같았어요.
> 그러니까 내가 하나님이 나를 부르실 때는 나를 사랑하시고 나를 통해서 하나님의 일을 하게도 하시지만 나

의 존재를 귀하게 생각하시는데 그런 걸 너무 무시하고 역할로서의 삶에 집중했을 때 그런 어려움 그 신체적인 어려움이나 정신적인 어려움이 오기도 했었죠.

〈고순옥/60대〉은 고통의 시간을 통해 역할보다 하나님 앞에서 존재로서 소중한 가치를 깨닫게 되었다. 존재로서의 주체와 역할로서의 주체를 균형 있게 이루어감으로써, 새로운 정체성을 형성하고 있다고 생각된다.

〈고순옥/60대〉
저는 기본적으로 제가 사모지만, 이제 목사님과 결혼했기 때문에 사모가 되었다고 생각하지 않고요, 기본적으로 하나님께서 나에게도 어떤 부르심이 있었다고 생각을 해요. 하나님의 부르심이 내 안에 있었기 때문에 내가 목회자의 사모가 되었고, 결단을 했고 목회자, 목회의 길을 걸어가고 있다고 생각하기 때문에 하나님께서도 나를 통해서 분명히 하고 싶은 일들이 있다고 생각을 하는데, 그 일들은 우선 저는 이제 어느 순간 하나님이 '하나님의 관계가 먼저다'라고 저한테 깨달음을 주셨어요. 그래서 하나님과 먼저 믿음의 삶을 잘 살아가는, 정말 잘 믿는 하나님의 사람이기를 원하는 것 같아요. 사모이기 전에. 하나님의 음성을 듣고 순종하는 사람이기를 원하시겠지요.

〈고순옥/60대〉은 하나님께서 사모로 부르셨다는 소명의식이 분명하다. 그러므로 사모이기 전에 하나님 음성을 듣고 순종하는 사람이 되기를 원한다는 표현 속에 자아정체성이 형성되고 있음을 알 수 있다.

심층면담을 하면서 사모들에 대해서 느낀 점은, 내가 해야 할 것, 하지 말아야 할 것이 나 자신의 주체성으로 비롯되지 않고 다른 사람들 예를 들어, 남편이나 교인들의 요구와 기준에 의해 따라가는 경우가 대부분이었다. 좋은 사모는 희생하며 그림자처럼 내조하는 사모라는 교회나 사회의 요청에 의해 사모 각각의 독립적인 인격적 존재로서의 정체성은 잃어버리고 있다는 것을 알 수 있다.

사모와 교인, 서로에게 적응하지 못하는 이웃 혹은 동역자

사모들을 더 외롭게 하는 요소 중 하나는 사모에 대한 교인들의 고정 관점이 강하기 때문이다. 사역하면서 가장 힘든 일이 무엇인지를 물어보면 교인들과의 관계라고 대답하는 경우가 대부분이었다. 갈등이 생기는 교인들의 공통점이라면 '사도에 대한 고정관념이 강한 이들'로서, 그들과의 갈등은 언제나 '사모가 왜 저래' 하는 이슈에서 시작된다. 사모를 '독립적인 사역자로 보지 않고 목사의 비서와 같은 존재'로 보는 고정관념의 영향이 적지 않은 영향을 주는 것을 알 수 있다. 심층면담을 통해 참여자들은 이렇게 답변한다.

〈최미순/50대〉
　　남자는 이래야 돼, 여자는 이래야 되는데 그런 생각한 적은 없는 것 같아요. 그런데 사모는 '이래야 된다'라는 고정관념은 제가 가지고 있는 것 같아요.

사모라는 것은 내가 하고 싶은 것 마음껏 하지 말아야 되고 오로지 교회 내에서만 그러니까 뭐라고 해야 할까…, 자제해야 되는 삶, 그러니까 내 감정도, 내가 화나거나 슬프거나 내가 힘들거나 그런 것들을 다 절제해야 되고, 그리고 교인들보다 내가 더 잘 살면 안 되고 내가 더 부요해도 안 되고 내가 갖고 싶은 것을 가져도 안 되고….

제가 가지고 있는 생각이라기보다는 옛날 사모님들은 목회자는 일반적인 사람들보다 가난하게 살아야 된다, 그런 게 있는 것 같아요.

그런데 저는 제가 이제 목회를 하다 보니까 어쨌든 간에 그게 부요하게 살면 안 된다 라는 생각은 아닌 것 같아요.

저도 똑같은 사람인데 목사님도 부요하게 살 수 있고 갖고 싶은 것 가질 수도 있고, 얼마든지 똑같은 인간이기 때문에 감정표현을 할 수 있는 건데 교인들은 그거를 그렇게 받아들이지 않는 것 같아요.

〈김가람/40대〉

저는 남자는 이렇게 해야 되고 그리고 여자는 이래야

된다, 남자와 여자는 이렇게 다르다는 생각을 가지고 있습니다. 이제 남자는 남자다워야 되고 여자는 여자다워야 되는데 결혼해서 남자의 역할은 집안의 가장, 가정을 책임지는 사람, 그렇다면 여자는 남편을 서포트하고 아이들을 잘 책임감 있게 키우는 사람이라고 생각해요. 사모님은 그냥 목사님 내조 잘하고 주님 위해서 최선을 다하는 사람, 그리고 성도들을 잘 케어할 수 있는 사람 이래야 된다고 생각해요.

〈고순옥/60대〉

남자는 남자로서 가지고 있는 그 특별한 남자만의 정체성이 있다고 생각하는 사람 중에 하나고요. 여자도 여성스러운 그런 특별한 것들, 남자들이 갖기 어려운 그런 부분이 있다고 저는 믿는 사람 중에 하나거든요.

사모 역할에 대해서는 제가 경험에 의하면 사모라는 역할이 사실은 목회자가 있기 때문에 사모가 있는 거지요. 그 목회자의 경향성이나 그분의 능력이나 혹은 그 목회 스타일에 따라서 사모의 역할이 달라진다고 생각하고요.

〈최미순/50대〉은 여성이나 남성의 고정적 자아에 대한 개념은 강하지 않았다. 반면에 사모는 이래야 된다는 고정관념은 강하게 나타났다. 남자 형제가 없는 가정에서 성장한 〈최미순/50대〉은 성별 차별 의식이 없는 가정에서 성장하였기 때문이라고 추측해 본다. 하지만, 부모가 생각하고 있던 사모에 대한 고정적 자아개념은 〈최미순/50대〉에게 내면화되어있다는 것을 알 수 있었다. 이런 내면화는 부모가 만들어 준 것이라고만 생각하지 않는다. 그 당시 한국교회의 상황과 교인들의 가치관, 생각들이 그대로 반영된 내면화[4]라고 생각한다.

〈김가람/40대〉는 분명한 남녀의 차이에 대한 고정적 자아개념을 가지고 있다. 남성과 여성의 역할은 분명히 다르다는 것이다. 남성성과 여성성에 대한 정체성이 분명하다. 저자도 얼마 전까지 남성성과 여성성에 대한 정체성을 고정화하는 시각을 가지고 있었다. 하지만 이런 고정된 자아개념은 다른 사고 체계에도 영향을 미치게 된다는 것을 이번 프로젝트를 수정하면서 알게 되었다. 본질주의 사고는

---

[4] 내면화 했다는 것은 권력을 가진 자에 의해 형성된 신념체계나 가치구조 등을 때로는 자의적으로 또는 무비판적으로 동의하게 되는 상태이다. 강남순, 페미니스트신학, 294-97.

다른 사건이나 상황을 보는 관점에서도 고착화될 수 있다는 것을 나의 경험으로 깨닫게 되었다.

〈고순옥/60대〉는 분명한 남녀의 차이에 대한 그정적 자아개념을 가지고 있고, 사모의 역할이 남편 목사의 보조적인 역할이라는 사고를 가지고 있다. 교회의 특성에 따라 사모의 역할이 달라지긴 하지만 항상 목사의 비서 역할이라는 관점에는 변함이 없다. 심층면담에 참여한 사모들뿐만 아니라 교회 여성 대부분이 이런 고정된 자아개념이 고착화되어 있는 것을 쉽게 느낄 수 있다. 가부장적인 유교 문화의 영향으로 우리 사회나 교회는 본질주의 사상의 영향권 아래 있다.

〈최미순/50대〉

이 분들은 사모가 그냥 말하는 거조차도 다 지적으로 듣는 거예요. 그러니까 저는 그냥 좋게 얘기하는데도 불구하고 이 분들은 그게 다 잔소리, 자기들을 지적하는 걸로 다 받아들이는 거예요.

교인들에게 인정이나 격려를 받은 적은 없는 것 같아요. 인정까지 가기에는 나는 바라지도 않고요. 나에 대한 불만이나 불평이나 비난이나 손가락질 그런 게 없었으면 좋겠어요. 다른 거는 바라지도 않아요.

〈고순옥/60대〉
네 외롭고 내 마음대로 하지 못하는 부분들이 있죠. 뭐 예를 들면 빨간 머플러를 하고 싶은데 이런 것을 하면 누군가에게 이것이 말거리가 되겠다 하면 절제해야 되고 내가 옷 입는 것도 마음대로 하지 못하죠. 이런 것은 모든 사모님들이 겪는 경험이겠죠.

〈최미순/50대〉은 교인들에게 적지 않은 상처를 받고 있는데, 교인들의 고정관념에 문제가 있다고 본다. 그 교회는 연령층이 높은 반면 사모의 연령은 낮았는데, 교인들의 의식에는 젊은 사모에 대한 고정관념이 있는 것 같다. 젊은 사모는 일할 때도 경솔하고 왠지 믿음직 못하다는 유교사회의 영향으로 사역에 어려움을 겪을 뿐 아니라 존재로서의 주체성에도 부정적 영향을 끼친다고 할 수 있다.

〈고순옥/60대〉을 통해서 보면, 교인들이 사모의 옷차림이나 태도 등 외모 뿐 아니라 일거수일투족을 관찰의 대상으로 생각하는 것을 알 수 있다. '사모는 옷을 수수하게 입어야 된다'라는 식의 '이래야 된다'라는 고정관념을 가진 교인들로 인해 사모들은 늘 힘들어하며 시선을 의식해야만 하는 사모들의 고충이 엿보인다. 더군다나 이런 부정적 시각의 고정관념을 가진 교인들의 대부분이 여성들이라는 점도 주목할 만하다.

사모와 목회자 가정 힘들게 하는 '유교적 가부장제'

가부장제는 영어로 'patriarchy'라고 하는데 어원을 살펴보면, 아버지라는 단어의 'patri'와 지배라는 단어의 'archy'가 합쳐서 생긴 단어다. 즉 '가족의 대표자인 아버지가 가족 구성원에게 행사하는 권위 혹은 지배'를 의미한다. 그러나 여성학자들이 사용하는 가부장제의 개념은 단순히 한 가족 안에서 행해지는 아버지의 지배라는 의미를 넘어서서, 남성들이 더 우월한 위치에서 지배하고 여성들은 종속적이고 의존적인 상태에 놓여 있는 체계를 지칭한다.[5]

한국은 유교적 가부장제 문화로 인해 19세기 말까지 여성교육의 목표는 여성의 삶을 가정에 한정시키고 가부장

---

5 한국여성연구소, 새여성학강의 (파주: 동녘, 2005), 22.

적 가정의 유지 계승을 위해 필요한 덕을 기르는 교양 교육이었다.[6] 남인숙은 조선시대 상황을 연구하면서 다음과 같이 설명한다.

> 조선시대 양반 가문에서조차 여성을 가르치지 않았던 이유는 딸은 과거시험을 볼 수가 없고 지식을 활용할 기회가 없었기 때문이다. 또한 일제하 식민지 상황에서 벗어나자마자 발생한 민족 전쟁과 경제적 곤란 속에서 많은 여성들은 의무교육을 받을 기회를 놓쳤으며 여자가 유식하면 순종적이지 않아 팔자가 세어진다는 기우가 여성들의 교육기회를 차단시키기도 하였다.[7]

여성들은 그 시대에는 교육의 혜택을 받지 못했고, 사회의 권위에 순종하며 살아가야 할 존재하지만 존재하지 않는 비존재처럼 살았다. 그러나 남인숙에 의하면, "우리나라는 1995년 양성평등 사회를 목표로 '여성발전 기본법'

---

6   남인숙, "여성교육과 정책을 통해서 본 한국여성의 변화," 사회이론 38 (2010): 67.

7   Ibid., 68.

이 제정되었고 2000년을 전후해 국가고시에 여성 합격률이 급격히 증가하였다."[8] 남인숙의 설명에 따르면 오늘 한국 사회 각계각층에서 여성들의 지위가 향상된 것은 사실이다. 하지만 교회는 여전히 유교적 가부장제 문화 속에서 사모들의 위치는 종속적인 경우가 많다.

이에 대해 강남순은 "목회자의 부인들이 겪는 고충과 어려움은 유교의 영향"[9]이라고 지적한다. 그러므로 우리의 과제는 교회 내의 유교적 가부장제의 산물을 사명감을 가지고 하나씩 제거해 나가야 한다. 교회의 모든 구성원들인 목사, 사모, 교인들의 의식에 변화를 줄 수 있는 교육이 필요하고, 유교문화에 젖어있는 여성 차별에 대한 내면화도 분석해야 한다. 한 사회에서 종교로서 자리매김을 위해서는 대체로 그 사회의 조직을 반영하듯이, 한국의 기독교도 뿌리 깊은 유교적 영향을 배제할 수 없는 상황이었다고 본다.[10] 교회에서는 성서를 읽고 성서를 공부하는 것이 당연하지만 이 모든 활동의 배후에는 아직도 유교적 가치관

---

8   Ibid., 68.

9   강남순, Feminism Theolory class, 2016

10 강남순, 페미니즘과 기독교 (서울: 대한기독교서회, 1998), 97.

이 깊이 뿌리 박혀 있는 것 같다.[11]

　한 예로 우리나라의 기독교 전통에서 보면, 예수의 삶이 보여준 희생과 겸손의 의미가 모든 기독교인들이 삶의 차원에서 나타나야 함에도 불구하고 여성들이 가정에서 보여줘야 할 덕목으로만 제한함으로 여성에게 강요된 희생과 겸손의 덕은 결론적으로 가부장적인 요소를 더 강화시켜 준 결과가 되었다는 것이다.[12] 결국 여성들에게 강요되는 순종이나 희생의 덕목은 아버지-남편-아들로 이어지는 가부장제 권위에의 복종을 여성의 덕목으로 강조하는 한국의 유교문화와 결합되어서 여성들에게 족쇄를 채우는 강한 가부장제적인 체제[13]로 교회에서 자리매김하고 있다. 강남순은 이런 유교적 영향에 대해, 삼종지도三從之道의 문화라고 설명하는데 이 삼종지도의 정의는 일생동안 여성의 의무는 세 가지인데, 결혼 전에는 아버지를, 결혼 후에는 남편을, 그리고 남편의 죽음 후에는 아들을 따르는 삶을 살아야 덕 있는 여성의 길이라는 것이다.[14] 이런 문화 속

11　윤소정, "내가 꿈꾸는 교회," 한국여성신학 75 (2012): 74.

12　강남순, 페미니즘과 기독교, 201.

13　강남순, 페미니스트 신학, 298.

의 영향 속에서 여성들은 독립적인 주체로서 자신의 정체성을 키워 나가기는 쉽지 않을 것이다. 강남순은 교회에서 여성의 지위와 사모의 역할과 지위에 끼친 악영향을 다음과 같이 설명한다.

> 여성은 한 사람의 개체적 존재로서가 아니라 남편이나 아버지에게 의존된 존재로서 간주되었고, 이러한 위계주의적 관계주의로부터 구성된 인간 이해는 교회 안에서도 부인의 위치는 남편의 위치보다 높으면 안 되며, 남편이 지도력을 행사할 때 부인의 지도력은 희생되어야 한다는 현실을 자연스러운 것 또는 '한국적'인 미덕으로 인식하게 하였다. 그러기 때문에 교회의 목회자의 부인은 교회에서 가장 다양한 역할을 하면서도 교회의 구성원도 또는 지도자도 아닌 중간적 존재로서 그가 하고 있는 수 없는 일들이 사회적, 경제적으로 전혀 인정이나 보상을 받지 못한다.[15]

---

14 강남순, 페미니즘과 기독교, 341-42.
15 강남순, 페미니스트 신학-여성, 영성, 생명, 124.

강남순이 지적하는 것처럼 목회자 사모는 목회자 남편에게 의존하는 존재로서 다양한 역할과 사역을 감당함에도 불구하고 적절한 보상을 받지 못하여 왔고 또한 자기 자신을 돌보지도 못하여 왔다는 일반화된 사실이 심층면담 결과로 나타났다. 다양한 관계에서 유교적 영향이 나타나지만, 여기에서는 사모와 남편 목사와의 관계를 통해 나타난 유교적 가부장제 영향을 보고자 한다.

〈최미순/50대〉

교회에 관한 일은 얘기하지 말아야 돼요. 얘기할 때마다 좋은 결과가 없었어요. 항상 싸웠어요. 그러니까 그게 서로 얘기를 하면 '아 그렇구나 당신 그런 적에서 힘들었구나' 이렇게 이해하고 감싸주는 것이 아니라 오히려 제가 남편하고 이야기 하다 보면 제가 더 나쁜 사람이 되고 제가 더 상처를 받아요.

그러니까- 그냥 얘기 안 하고 싶은 생각이 딱 들어요. 객관적인 입장으로 봤을 때, 저도 한 사람의 교인으로 생각이 들기 때문에 저도 교인의 입장에서 또 제 의견을 목사님에게 이야기할 때가 있는데 목사님은 저의 의견을 전혀 안 들어줘요. 우리 목사님이 생각하는 사모는 그냥 말 안 하고 누가 뭐라고 그러든 그냥 뭐 구조건 참고 인내하고. 기도하고 말씀 보고 그런 모습인 것 같아요. 남편에게 순종하고. 그런 것 같아요.

〈고순옥/60대〉

결혼하면서 목회를 시작하면서는 그야말로 삼십몇 년 동안 체크카드를 한 번도 안 쓰셨어요 저희 목사님은 은행에도 한 번도 안 가셨어요. 그럴 정도로 제가 다 감당을 했고요. 그다음에 아이들 픽업도 정말 거의 안 하셨어요. 저희 목사님은 제가 시키지도 않았어요. 굉장히 힘이 들었지만 그것이 목사님 때문이란 생각은 전혀 안 했던 것 같아요. 목사님을 블레임blame 했다거나 이런 거는 안 했던 것 같아요. 왜냐하면 제가 그렇게 해야 된다고만 생각을 했기 때문에 그것이 지금에 와서는 조금 그게 잘한 것일까 그런 생각이 들 때가 있어요.

인류 역사를 볼 때 다양한 차별 문제가 있지만, 가장 해결하기 어려운 문제가 바로 남녀 간의 차별 문제라고 지적한다.[16] 우리 과거의 역사를 보면, 결혼 생활에서 남성지배적 체계가 구축된 생활이었다. 결혼 생활뿐 아니라 모든 삶에서 남성의 절대적 우위를 강조하였다.[17] 이런 과거 차별문화의 영향으로 현대를 살아가는 가정들도 '변형된 가부장제' 혹은 새로운 가부장제'의 영향 아래서 결혼 생활을 하고 있다.[18] 목회자 가정들은 이와 같은 사회의 남성 지배적 체계와 함께 교회 내의 유교적 영향이 더해져서 부부간의 수직적 관계가 더 강화되고 있다.

〈최미순/50대〉은 교회의 전반적인 사역과 교인들과의 갈등 문제에 관해 부부간의 의사소통을 원하지만, 남편 목사는 교회 사역에 사모가 관여하는 것을 원하지 않고, 사모의 의견에 무시하는 경우가 많아서 늘 상처를 받고 있다. 심지어 교회의 새로운 변화나 사역을 교인들을 통해 듣게 될 때 섭섭한 마음도 들 때가 있다고 한다. 이런 저변에는 남녀의 역할이 다르다는 전제를 가지고 남편 목사가 바깥의 일은 아내가 간섭하거나 알 필요가 없다고 생각하는 유교적 영향에서 비롯된 것이라고 생각한다.

---

16 Tong Rosemarie Putnam, Feminist Thought 페미니즘 사상: 종합적 접근, trans. 이소영 (서울: 한신문화사, 1995), 108.
17 정희성, "한국 기독여성의 가족 경험에 대한 고찰," 목회와 상담 7 (2005): 195-97.
18 정희성, "한국여성을 위한 이혼 숙려 상담의 모색," 목회와 상담 8 (2006): 132.

〈고순옥/60대〉은 남편이 목사이기 때문에 자녀 양육, 경제적 활동 등과 같은 모든 가정의 문제를 자신이 혼자 감당하는 것이 당연하다고 생각하며 살아왔다. 가정에서 목회자 사모는 남편이 목회 사역을 잘 감당할 수 있도록 살림을 책임지고 자녀교육을 담당할 뿐만 아니라 목회자의 개인 비서와 같은 역할을 감당해야 한다. 목회자 사모의 대부분은 남편 목사가 오직 교회 사역에 전념할 수 있도록 가정의 일과 자녀 양육 등 모든 것을 책임져야 하는 것을 당연히 여기는 경우가 많다. 그러나 어느 가정이나 부부가 함께 가정의 문제를 나누는 것이 합리적이다. 남편은 목회에 전념하는 것이 우선이라서 집안일은 사모가 전적으로 책임져야 한다고 생각하는 것도 유교적 영향에서 나온 생각이다. 이런 유교적 영향으로 인해 사모들은 자신들이 희생당하는 것도 생각하지 못하고 전적인 희생을 하고 있다.

유교적 가부장제 문화의 영향의 한 축으로는 남성 목사 중심적 목회로 대부분의 한국교회가 이제까지 가져온 목회 형태라고 할 수 있다. 유교는 남성주의 철학으로 남녀 관계뿐 아니라 부자관계, 군민 관계로 상하의 위계질서를 우주론적 용어로 볼 때 하늘과 땅의 개념으로 해석하여 명확한 위계질서를 기초로 본다.[19] 한국교회는 유교적 가부장제 문화의 영향으로 담임목사 중심의 목회로 발전되어 왔다고 해도 과언이 아니다. 여기서 목사라는 의미는 역시 유교의 영향으로 남성이라는 이미지가 지배적이다. 대부분의 많은 한국교회들의 의식은 담임목사 중심의 교회를 지향하고 있다. 예수님은 섬김을 강조하는 교회에서 이런 모습은 이율배반적이라고 생각한다. 목사 중심적인 사고는 여성과의 관계에서 더욱 선명하게 나타나는데 사모들에게도 당연하게 받아들여지는 모습이다.

〈김가람/40대〉

> 저는 이저 목사님이 원하시는 방향들을 저는 좇아가는 거, 순종해서 가는 거, 그게 도와주는 거라 생각해요. 만약에 목사님이 그 사역은 아니야 그러면 저는 바로 접어요. 목사님 허락 하에 사역하고 있는 것 같아요.
>
> 제가 사실은 성도들 봤을 때 어떤 교재를 가지고 어떻게 하려고 말씀드렸는데 목사님이 우리가 같은 방향으로 가야 하니까 교재를 이런 것을 가지고 하지라고 하

---

19 마르티나 도이힐러 and 은성진, "유교에 기초한 입법화와 이것이 여성의 지위에 미친 결과," 역사와 경계 44 (2002): 159.

면 바로 순종해요. 목사님의 통제를 받아 가면서 사역을 하기 때문에 독창적으로 하는 것은 없죠.

목사님의 지도하에서 사역하는 것을 만족해하죠. 하나님이 목사님을 제 머리로 세웠고, 또 하나님이 질서 속에서 일하길 원하신다는 것을 확신해요. 그래서 지금까지 그렇게 해왔을 때 하나님이 주신 축복도 많았고….

〈고순옥/60대〉

돕는 사역, 그러니까 물론 하나님과 나의 관계 속에서죠. 내 할 일은 목사님에게 심방이나 이럴 때 도움이 되는 것. 예를 들면, 목사님이 뭔가 한 가지를 집중할 때 뭐 운전이나 이런 거 하는 거를 별로 힘들어하면 제가 그런 거를 도와드리는 것. 또 교인들과 디테일 한 부분들 좀 제가 도와 드리는 것. 그런 것이 역할이라고 생각하면 그것을 좀 도와드리는 것이죠. 이것이 제가 해야 할 일이 아닌가 그런 생각을 합니다.

예를 들면, 이제 저희 목사님은 이름은 잘 외우지 못하는데 얼굴이나 이런 것은 참 잘 아세요. 그러면 저는 이름을 외우는 것이 참 강점이거든요. 그러면 이름을 외워서 목사님에게 심방이나 이럴 때 도움이 되는 것이 있죠.

〈김가람/40대〉에게는 목사인 남편의 의견이 절대적이다. 하나님이 남편을 자신의 머리로 세워주셨기 때문에 항상 남편의 말에 순종해야 하며 남편의 지시나 지적에 늘 민감하다. 하지만 부부 모두는 하나님이 머리이시기 때문에 서로의 의견을 나누면서 때로는 남편에게 조언이나 충고도 할 수 있는 사이가 부부의 사이라고 생각한다. 늘 남편의 지시에 따르는 것은 세밀한 아내의 능력을 사장시킬 수도 있고 자발적인 사역이 위축될 수도 있다는 생각이 들 수도 있기 때문이다.

　〈고순옥/60대〉은 사역을 활발하게 하는 사모인데 늘 남편인 목사의 지도하에서 사역하고 있다. 교회의 체제가 담임목회자 우선이기 때문이다. 사모들 자신도 특정한 개성이나 재능 등을 계발하고 독립적으로 사역하는 것에 대해서는 부정적인 측면을 가지고 있다.

　이처럼 참여자 사모들은 모두가 사모의 역할은 남편인 담임목사의 사역을 도와주는 것이라고 한정되어 생각하고 있다. 물론 사모들의 '목사의 조력자$^{\text{support role}}$' 역할을 인정하지 않는 것이 아니다. 단지 부속의 개념으로 사모 사역이 자리매김하는 것은 여성의 다양한 사역의 은사와 능력을 사장시키는 안타까운 일이다. 이러한 목사 중심적 목회에 영향을 준 요인 중의 하나가 유대주의적 남성주의적 시각을 벗어나지 못한 성서 편집자들이며[20] 사모들에 대한 왜곡된 인식이 거기에서 비롯됐다. 이로 인해 사모들은 교회뿐 아니라 가정에서도 일방적인 희생과 헌신을 강요당하며 설 자리를 찾지 못하고 있다.

---

20   강남순, 페미니스트 신학, 266.

사모라는 이름으로 이름으로 산다는 것은 2
_가정 안에서

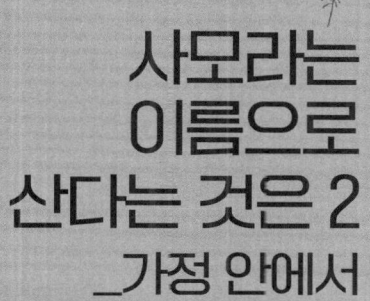

chap3

사모의 사회적 위치를 결정하는 유일한 요인은 목회자인 남편이다. 목회자인 남편과 결혼을 하거나 남편이 목회자가 되는 순간부터 그의 아내는 사모라 불리기 시작한다. 그리고 그때부터 그 이전에 그 아내가 어떤 삶을 살아왔던지 상관없이 가정과 교회 안에서 '완전히 새로운' 삶을 살아야 한다. 먼저 교회 안의 모든 크고 작은 문제들을 최우선으로 해결해나가면서 다양한 계층의 영혼들을 돌보고 섬기는 마이더스의 손이 되어야 하고, 남편의 사역을 보이지 않게 내조하는 탁월한 사역자가 되어야 한다. 또한 자녀들을 모범적으로 키워내는 '슈퍼 워킹맘'이기도 해야 한다.

그런데 교회는 아무리 규모가 큰 대형교회라고 해도 목회자들의 수는 얼마 되지 않는다. 작은 교회는 더 말할 것도 없다. 그 사이에서 몇 년 지내다 보면 알 거 모를 거 다 아는 관계가 된다. 감추고 싶어도 감출 수 없고, 숨고 싶어도 숨을 곳이 없다. 그런 상황에서 자신을 관리할 뿐 아니라 자녀와 가정을 지키고 교회 봉사까지 해내야 하는 사모들이 자신의 의지나 행동의 결과와는 상관없이 남편의 사역 과정에서 일어나는 모든 결과의 영향까지 '여과장치' 없이 그대로 겪으며 살고 있다. 그런데 실제로 목회자 남편 중 상당히 많은 수가 아내의 목소리에 귀를 기울이지 않는 것 같다. 그 과정에서 사모들은 외로움과 고통을 호소하기도 한다. 무엇보다 위험한 사실은, 이런 환경들이 사모들의 신앙에 심각한 균열을 가져온다는 것이다.

이 장에서는 '남편과 가정 안에서 사모들이 겪는 어려움'을 집중적으로 살펴보았다.

교인들의 쉼터가 된
농촌교회 목회자의 집

"사모님은 그릇을 이렇게 엎어 놓으시는구나. 이러면 그릇들 쌓기가 불편하던데…."

"참기름은 어디에 있어요? 저번에 제가 여기 둔 것 같은데 안 보여서요."

"제 컵이 안 보여요. 제가 항상 쓰던 컵 아시죠?"

"쌀은 이렇게 보관하면 벌레 생겨요. 그래서 교회 쌀 지난번에 다 버렸어요."

사랑 씨가 지난여름에 만난 미애 사모는 일상이 다 노출되어 산다며 이야기를 꺼냈다. 주일 점심 식사 때가 되면 미애 사모를 찾는 집사와 권사들이 많아진다. 사실 주일만이 아니라 평일에도 수시로 개인 공간은 성도들에 의해서 노출이 되어 있다. 미애 사모는 사적 공간이 보호받지 못하고 있는 하루하루가 힘겹기만 하다.

미애 사모가 전라도 김제의 한 시골 교회로 오게 된 것은 전적으로 남편 혼자의 결정이었다. 결혼 후 두 사람은 전라북도 전주 시내의 한 교회에서 사역을 하던 중 평소 존경해왔던 한 선배 목회자로부터 뜻밖의 제안을 받게 되었다. 선배 목회자 부부는 농촌 교회를 개척해서 25년 섬겼는데 아내는 권태기가 오고 자신도 많이 지쳐서 새로 교회를 맡아 사역을 계속해 갈 젊은 사역자를 찾는 중이었다. 워낙 존경하던 선배 사역자였기에 남편은 미애 사모와의 상의도 없이 그 자리에서 승낙을 했다.

반면, 미애 사모는 서울 출신이다. 학창 시절을 다 서울에서 살다가 전라도에 있는 대학을 진학하게 됐다. 지방이라고는 하지만 시내 한 복판에 캠퍼스가 있었기 때문에 농촌 생활은 거의 경험해본 적이 없다. 그러니 전형적인 농촌교회로 가는 게 결코 쉽지는 않았다. 더군다나 그들에게는 초등학교 3학년, 1학년인 두 아들과 다섯 살이 된 딸이 있었다. 도시 생활에 익숙한 아이들을 농촌으로 데리고 가려니 앞이 깜깜했다.

하지만 주변에는 갈 사역지가 없어서 방황 아닌 방황을 하는 사역자들, 너무 늦은 나이에 뒤늦게 개척을 해서 고생하는 사역자들, 담임목사 청빙을 받기 위해 치열한 경쟁 속에 있는 사역자들이 수두룩했다. 그런 이들의 고충을 늘 듣고 있던 터라 자신과 상의도 없이 농촌교회로 가기로 결정한 남편이 원망스럽기도 했지만, 한편으로 생각하니 남편이 30대 중반에 한 교회의 담임목사가 되었다는 것이 감사한 일이 아닌가도 싶었다. 그래서 마음을 다잡은 뒤 남편과 함께 교회로 왔다.

도착해보니 교회와 사택이 붙어 있었다. 아니 붙어 있는 게 아니라 아예 한 건물이었다. 단층 건물의 오른쪽 문을 열면 예배실이고 왼쪽 문을 열면 큰 방 하나와 작은 거실과 부엌이 딸려 있는 사택이다. 미애 사모도 별 큰 기대를 하지 않았기에 이 정도도 감사하다 싶었다. 교인들은 15명 안팎이라 대가족처럼 섬기며 사역하면 될 것이라고 여기며 첫 주일을 맞았다.

그런 미애 사모의 기대는 며칠 가지 않아 산산조각 났다. 교회가 작다 보니 주일 예배가 끝나면 식사하고 교제 나눌 공간이 따로 없었다. 그러니 목회자 가족이 머무는 공간을 성도들에게 주일마다 개방해야 했다.

방과 거실에서 교인들은 나눠서 식사를 했고 식사가 끝나면 그곳에 과일과 차를 마시며 교제의 시간을 가졌다. 그 시간은 성도들이 미애 사모가 정리한 집안에 있는 것들을 다 외울 정도로 긴 시간이었다. 드디어 나이가 드신 권사님들의 잔소리가 시작됐다. 그 분들은 사랑으로 하는 말이지만 미애 사모에게는 결코 편치 않았다. 어스름 저녁이 되어서야 자리를 뜨는 교인들을 배웅하고 나면 파김치가 되곤 했다.

그리고 다시 한 주가 지나고 주말이 가까워오면 미애 사모의 스트레스가 다시 시작됐다. 세 아이의 뒤치다꺼리하기도 벅찬데 성도들은 그런 것들은 아랑곳하지 않고 볼 때마다 아무렇지도 않은 듯 한 마디씩 했다. 너무 자주 오다 보니 그 공간이 목회자를 위한 공간인지 교인들의 쉼터인지 구분을 못하는 이들도 있었다. 마치 제집처럼 '내가 먹던 컵' '내가 먹던 그릇'을 달라는 이들의 장난기 어린 말들을 들을 때면 미애 사모는 금방이라도 폭발할 듯한 자신과 싸우느라 온 몸이 떨릴 지경이었다.

그래도 주일은 참을 만했다. 하지만 아이들 문제는 답이 없었다. 아이들이 새로 전학한 학교는 한 학년에 많아야 3-4명이었고 그나마 3학년과 1학년은 또래가 한 명도 없어서 아이들이 혼자 수업을 들어야 하는 상황이었다.

기독교교육을 전공한 미애 사모는 교육에 있어서 교육공동체의 분위기가 얼마나 아이들 지적, 정서적 발육에 중요한지 누구보다 잘 알고 있었다. 자신의 희생 정도는 각오했다고 치더라도 아이들이 이런 척박한 교육 환경 속에서 자라야 한다고 생각하니 가슴이 미어졌다.

서울에서 자란 미애 사모, 그리 넉넉한 형편은 아니었어도 초등학교 시절 피아노 학원과 미술 학원 정도는 다녔다. 초등학교 고학년부터는 영어학원을 다니며 중고등학교 과정을 준비했다. 농촌교회 목회자의 가정에서 이런 사교육까지 바라는 것은 아니다. 다만 또래 아이들과 선한 경쟁도 하고 뒤엉켜 놀며 아이답게 성장할 기회를 주고 싶을 뿐이다.

　하지만 이런 아픔을 남편과 나눌 분위기도 만들어지지가 않았다. 남편은 부임한 뒤 거의 교회 목사라기보다는 마을의 문제 해결사나 다름없었다. 남편의 나이가 30대 후반이다 보니, 교회 성도이자 마을의 어른들인 노년층에게는 아들이나 손자뻘이었다. 그러니 밭일에서부터 힘을 쓰거나 손이 가야 하는 일이 생기면 너나 할 거 없이 남편을 불러댔다. 남편은 새벽기도가 끝나고 집에서 잠시 아침 식사를 하기가 무섭게 하루 종일 마을을 돌 때가 많았다. 미애 사모는 점점 고립되었다. 하지만, 존경하던 선배 목회자가 개척한 교회이니 나름 누가 되지 않도록 노력해야겠다고 마음을 먹었다. 그런데 그 마음마저도 흔들리기 시작했다. 교회 권사들과 집사들이 과일 한 조각씩 물고 이런 대화를 나누기 시작했다.

"우리 사모님은 평일에도 많이 바쁘신가 봐. 이전에 사모님은 담임목사님과 함께 우리 집 밭일도 잘 도와주셨는데…."

"예전에 사모님은 주일마다 점심을 얼마나 맛있게 내오시던지, 주일은 몸보신하는 날이었지 안 그래?"

"평일에도 우리가 참새 방앗간처럼 목사님 댁에 들락거렸지. 우리 동네 사랑방이었잖아. 얘기하다 웃고 울고 시간 가는 줄 몰랐는데 말이야."

이 교회를 개척했던 담임목회자 부부는 50대 중반이다. 25년 전 이 교회를 개척하고 거의 가족처럼 섬기며 사역을 해왔던 모양이다. 50대 중반의 사모는 교회 사택이라는 개념도 없이 교회에서 자고 먹고 지내며 성도들을 기꺼이 맞이하고 받아들였다. 마치 한 주마다 친한 친구들 초대하는 심정으로 그렇게 해왔다고 말했던 기억이 난다.

하지만 젊은 미애 사모에게 50대 중반의 사모가 해왔던 일들을 감당하길 기대하는 것은 너무나 무리였다. 사실 그렇게 섬긴 결과 그 목회자와 사모도 탈진으로 사역을 내려놓은 것이 아닌가. 그런 와중에 지방에 사는 다른 동기 사모로부터 사택을 짓는다는 소식을 듣게 됐다. 미애 사모는 어렵게 남편에게 이야기를 꺼냈다.

"여보, 우리도 사택이 있으면 안 될까요?"
"교회 재정이 빤한데 무슨 사택이야."
"크게 건물을 짓는 것도 아니고 교회 건물과 분리가 된 공간이면 되는데, 그것도 어렵나요?"
"그렇지 않아도 권사님들이 전에 있던 목사님과 비교하는 눈치인데, 그런 생각은 하지도 말라고."

단호한 남편과 눈치 없는 교인들 사이에서 단 하루도 마음 편할 날이 없는 미애 사모, 자녀교육에 대한 걱정까지 겹치면서 걱정으로 잠 못 이루는 날이 점점 늘어나고 있다.

농촌 교회에서 사역하는 미애 사모도 그렇지만 도시에서 사역하는 사역자의 경우에도 사택과 교회가 너무 가까이 있어서 사생활이 보장이 안 되는 경우가 비일비재하다. 사랑 씨 남편과 신학교 동기인 김 목사의 경우도 담임목회자가 부교역자의 사택을 교회 가까이에 얻으라고 했다는 얘길 최근에 들은 적이 있다. 그렇게 교회 가까이에 사택을 얻은 뒤로는 일주일에 유일하게 쉴 수 있는 월요일마저 담임목회자의 잦은 호출로 쉴 수가 없다고 하소연하는 얘기를 들었다.

사역은 양이 아니라 질이다. 목회자에게 있어서 자신을 돌아보고 안식할 수 있는 시간은 사역만큼이나 중요하다. 특히 사모들에게 사적 공간에 대한 보장은 거의 생존과도 같다. 교인들은 한 동네에서 마주치는 사역자가 반가울 수 있겠지만 사역자들은 집 앞 마트를 가기 위해 머리부터 발 끝까지 신경 써야 하는 피곤한 일상이 지속될 수 있다. 교회 안에서의 시선뿐만 아니라 교회 밖에서의 시선까지 자유로울 수 없는 상황인 것이다. 사랑 씨는 자신의 마음을 아니 사모들의 마음을 대변하는 글을 보고 노트 한 구석에 메모를 해나가기 시작했다. 남편에게 읽어주고 싶었기 때문이다. 그 내용은 아래와 같다.

> 모든 인간은 자신만의 공간과 생활이 확보되는 최소한의 공간과 시간을 필요로 하며, 그 속에서 평안함과 안전감을 느끼게 된다. 개인의 사생활이 간섭을 받으면 스트레스를 받게 되고, 주위 사람들을 의식하게 되며 긴장을 풀 수 없게 되어 이런 상태가 오래 지속되다 보면 신체적 혹은 심리적 손상을 입게 되기도 한다. 이렇게 사생활의 침해를 느끼는 목회자 가족들 특히 사모들

가운데 소화기 장애나 심장혈관계 장애, 두통이나 불면증 등의 신체적 질병과 편집증, 강박증이나 대인 관계 불안 등 심리적 증상을 호소하는 경우가 많은 것을 볼 수 있다.[21]

교회 사역지와 사택과의 적정 거리, 농촌 교회의 경우는 사적 공간과 개인 시간 보장은 선택이 아니라 필수이다. 교회와 성도들이 이 영역만큼은 목회자들 가정을 위해 보장해주길 바랄 뿐이다.

---

21 강연정, "목회자 자녀의 건강한 자아형성을 위한 상담의 과제," 한국기독 교상담학회지 9 (2005): 118.

남편은 사역자,
사모는 막노동꾼

정순 사모는 작은 시골 교회를 섬긴다. 강원도 산골에서도 한참을 들어가야 하는 마을이다. 대부분 농사를 짓고 있기 때문에 젊은이들은 보기 힘들다. 정순 사모와 남편은 서울에서 전도사로 사역을 하다가 이곳을 첫 목회지로 삼았다.

예배당 옆 조립식으로 지은 사택이 정순 사모의 집이다. 처음 이곳에 왔을 때 비포장도로를 달리는데 마치 선교지를 오는 것 같은 기분이었다고 말한 적이 있다. 시골에 많은 사람이 사는 것도 아니고 목회 10년이 다 되어가도 서너 가정이 전부이다. 당연히 교회는 자립하지 못했다.

가정의 생계는 정순 사모가 책임져야 한다. 정순 사모는 불안한 생계를 해결하기 위해 사회복지사 자격증과 요양보호사 자격증을 땄다. 하지만 그녀의 솔직한 바람은, 남편이 이 상황을 좀 더 과감하게 돌파해주는 것이었다. 교회 개척을 결심한 순간 정순 사모는 홍천 시내라도 나가서 전도지를 돌릴 각오도 하고 있었다. 하지만 남편은 그 어떤 액션도 취하지 않았다.

목사답게 성전을 지키며 하나님과 결판이라도 봤으면 하는 심정이었다. 그렇게 부르짖어서라도 이 상황에서 가장 최선의 길을 선택했으면 하는 마음이 굴뚝같았지만 남편은 꿈쩍도 하지 않았다.

어느 순간 이것이 선교인가 싶었다. 사는 게 재미가 없다는 생각이 들기 시작했고 가끔씩 이렇게 살아서 뭐하나 하는 생각이 들기 시작했다. 하지만 그것이 우울증인 줄은 까마득히 몰랐다.

이제 초등학교 저학년인 아이들에 새 옷 한 벌 사주지 못하고 몇 년 동안 살아온 엄마의 아픔, 평일에는 직장 일과 주말에는 노인들만 있는 시골 교회 일로 밤낮없이 뛰어다녔음에도 불구하고 늘 생계를 책임져야 하는 가장의 불안함에 짓눌린 정순 사모는 소명을 받은 자로서의 기쁨이나 소망을 잃어버린 채 한 치 앞을 알 수 없는 막막한 상황 속에서 있는 힘을 다해 하루하루를 버티고 있었다.

비슷한 처지에 있는 은정 사모는 대학을 졸업한 뒤 대기업에서 비서 업무 등을 해가며 차곡차곡 돈을 모았고 나름

풍족한 일상을 살아낼 만큼 여유가 생기기 시작했다. 그렇게 일상을 지내던 중 교회 청년부에 출석하게 되던서 하나님을 인격적으로 만났다. 교회에서 사무 간사가 필요하다는 소식을 듣자 마치 이제 하나님의 일을 위해 수고할 때가 아닌가 하는 마음에 지원을 했고 곧바로 교회 사무 간사로 채용이 되었다. 2년 남짓 사무 간사로 일을 하다가 담임목사의 비서로 일을 한 지 10년이 넘었다.

그렇게 30대 중반을 넘어섰을 때 전에 이 교회에서 청년부 사역을 하던 부목사가 교회 개척을 하며 담임목사에게 인사를 드리기 위해 교회를 찾아왔다. 은정 사모가 처음 이 교회에 청년부에서 은혜를 경험했을 때 그 공동체를 이끈 목회자이기도 했다. 그는 은정 사모가 아직 미혼이라는 사실을 알고는 뜻밖의 말을 꺼냈다.

"좀, 조심스러운 얘기이긴 한데 그래도 하나님의 인도하심이 있을 수 있으니 얘기할게. 신학대학원 동기 목사가 있는데 지금 이혼한 지 3년이 됐어. 아들 셋이 있고. 사람이 참 좋은 사람인데 어찌하다 보니 그렇게 된 것 같아. 혹시 만나볼 마음이 있으면 기도해보고 연락 좀 줄래."

결혼이 늦어지는 것뿐이지 자신이 한 번도 이혼한 사람

과 결혼할 것이라고 상상도 안 해봤던 은정 사모. 요즘에야 이혼이 너무 흔한 세상이라고 하지만 이혼한 목회자를 만나는 것은 선뜻 마음이 내키는 일은 아니었다. 그럼에도 청년시절 그 부목사를 워낙 잘 따랐던 은정 사모는 정말 여기에 하나님이 뜻이 있지 않을까 하는 심정으로 만남의 기회를 가져보기로 결정했다.

그렇게 소개받은 남편은 자신의 성격과 달리 외향적이고 진취적인 사람이었다. 청력을 잃은 아버지 아래서 늘 기가 죽은 채 살았던 자신과 달리 남편의 다양한 인생 경험과 사역 이야기들은 그녀를 매료시키기 충분했다. 만난 지 6개월 만에 결혼의 결실을 맺게 되었다.

결혼과 함께 그녀의 삶은 모든 것이 달라졌다. 삼형제의 엄마로 살아내야 했던 것이다. 아이들의 일상을 챙기는 것부터 사역자 남편의 내조까지 몸이 열이라도 모자랄 판이었다. 이 결혼 선택을 할 때 친정 식구도 친구들도 반대를 했었다. 반대하는 결혼임에도 불구하고 추진했던 이유는 남편 안에 하나님을 향한 열정이 있었음을 봤기 때문이다.

그러나 막상 현실은 예상과 너무나도 달랐다. 열정으로 알았던 남편의 불같은 성질은 어느 곳에 가든 트러블을 일으켰다. 사역지마다 1년을 버티지 못했고 그때마다 사역지를 옮겨야 하는 상황에 이르렀다. 아이들은 전학을 자주 다녀야 했다. 자신이라도 교회에서 잘해야 남편이 인정을 받을 수 있지 않을까 싶어서 가는 교회마다 궂은일들은 도맡아서 해왔다. 그러나 끝내 남편은 정착하지 못했다. 결국 지금은 이들을 소개해준 부목사의 개척교회 파트 사역자로 섬기고 있다. 2년이 된 개척교회 파트 사역자로 섬기는 목회자는 전혀 생계를 책임질 능력이 없다.

이런 상황 속에서 남편과 세 아들 뒷바라지하는 것만으로도 벅찼다. 새엄마라서 아이를 대충 키운다는 소리는 듣고 싶지 않았다. 그래서 더 바지런을 떨며 아이들을 키웠다. 아이들이 한참 커가고 있을 때라 고정적으로 어딜 나갈 수 있는 직장에 취업하기는 어려워서 다단계 화장품 판매를 시작했다. 주말에는 교회 사무 간사에 준하는 행정일을 봉사로 섬기고 있다. 그렇게 일정하지 않은 자신의 수입과 막막한 생계로 하루하루가 숨이 막히는 일상을 살아가고 있다. 그러던 어느 날 은정 사모가 조심스럽게 남편에게 말을 건넸다.

"여보, 평일에 어디 일할 수 있는 자리 좀 알아보면 안 되나요."

"주의 일을 하는데 그렇게 돈을 좇아 살면 안 되지. 주님이 다 책임져주실 거야."

은정 사모의 마음에 있는 얘기를 더 쏟아내고 싶었지만 좁은 집 안에서 아이들에게 싸우는 소리를 듣게 하고 싶지는 않았다. '왜 내가 이런 가정에 시집을 와서 이 고생을 하고 있어야 하지'라는 생각에 화가 나는 때도 있지만, 그보다는 자신의 영성이 부족해서 이 자리를 감당하지 못하는 것은 아닌지 하는 마음에 죄책감에 시달리는 밤이 더 많다. 뒤늦게 시작한 사모의 길, 그러나 은영 사모의 하루하루는 마트에 가서 제철 과일은 사보지도 못하고 철이 지난 과일들과 유통 기한에 임박한 음식들로 장바구니를 채우는 일상의 연속이다.

사랑 씨는 최근 미국에서 가장 스트레스받는 사람 1위가 대통령, 2위가 목회자 사모라는 글을 읽고 격하게 공감했다. 심리적 압박감은 물론이고 경제적인 문제 앞에 자유로울 수 없기 때문이다. 목회자들의 경제적 자립이 절실한 이유가 바로 여기에 있다. 얼마 전 사랑 씨는 존경하는 한 은퇴목사의 페이스북에서 같은 맥락의 글을 발견했다.

오늘 우리 집으로 목사가 된 교회 청년 세 사람이 왔다. 벌써 50이 다 넘었다. 그래도 내겐 청년들이다. 하나는 선교사 나머지 둘은 이런저런 사정으로 교회에서 나와서 새로운 임지를 찾고 있었다.

참 마음이 먹먹하고 무거웠다. 내가 해 주긴 많이 미안한 말을 해 주었다.

교회 임지만 찾지 말고 택배 자리도 찾아보라고. 너희들은 목회자이기도 하지만 생활인이라고. 미자립 교회는 없다고. 미자립 목회만 있다고. 너희들만 자립하면 다 자립교회라고.

내가 저들 입장이라도 내 아이가 같은 입장이라도 나 똑같은 말을 했을 것이다. 그래야 된다고 생각하고 그러면 된다고 생각하기 때문이다. 바울 사도도 그랬지 않았는가. 그런데 하루 종일 마음이 무겁고 아프다.[22]

이 페이스북의 글은 수많은 기독교인들에게 공감을 일으켰다. 그리고 댓글 중에는 '우리 남편에게도 말씀해 주

---

22 김동호, 「미자립 교회는 없다」, 페이스북, 2020. 10. 16, https://m.facebook.com/dongho222

세요'라는 글까지 있다. 수많은 사모들의 심정일지 모른다.

정순 사모나 은정 사모만이 아니라 수많은 사모들이 경제적으로 자립하지 못하는 남편의 사역으로 인해 속앓이를 하고 있다. 교회 청년부 시절, 사모 후보 1순위가 교사이고, 2순위가 공무원 그리고 3순위가 간호사라는 말을 들은 적이 있다. 인텔리 전문직 사모이든가 친정이든 시댁이든 경제적인 뒷받침이 되어줘서 비빌 언덕이 있는 곳이 아니라면 대부분의 개척교회 사모들은 생활 전선에 뛰어들어 전투하듯 일상을 살아간다. 건물 청소에서부터 식당 설거지는 물론이고 닥치는 대로 가족 생계를 위해 팔을 걷어부치고 있다.

개척교회는 성도들이 많지 않다. 물론 하나님의 인도하심이 있어서 남편이 기도와 말씀에 전념할 수 있는 시간을 주는 것까지 부인하지 않는다. 정말 자신의 목회가 하나님 앞에 하나님 뜻에 쓰임 받기 위해 무릎 꿇는 시간이라면 다행이다. 하지만 아내의 등 뒤에 숨어 가정 생계에 대한 책임에 손을 놓고 있는 목회자들이 의외로 많다. 그런 남편으로 인해 교회 사모라는 짐도 버거운데 가정의 생계까지 떠안고 사는 수많은 사모들은 오늘도 잠 못 이루며 눈물로 밤을 지새우고 있다.

남편의 청년부 사역에
사모가 가슴 졸이는 이유

"그동안 청년부를 섬겨주셨던 이○○ 목사님께서 오늘부로 사임하십니다. 이 목사님 앞길에 하나님의 인도하심과 은혜가 넘치길 성도님들께서 기도해주시면 감사하겠습니다."

대부분의 목회자들은 연말에 사역지를 옮긴다. 교회의 새로운 회기가 12월이나 1월에 시작되기 때문이다. 그래서 사역지 옮길 계획을 한다면 가을부터 신학교 홈페이지나 기독교 사역자 공고 사이트 등을 통해 다음 사역지를 찾는 게 일반적이다.

만일 연말이나 연초가 아닌 연중에 사역지를 옮긴 경우는 교회가 어떤 일이 있었거나 사역자가 어떤 이유가 있어서 피치 못해 옮기는 경우가 있다. 그래서 대부분의 사역자들은 그 연도를 되도록 채운다. 물론, 예외의 경우도 있을 수 있다. 미국 연합감리교단에 속한 교회들은 7월에 목회자 사역지 이동이 있다.

그런데 수미 사모의 남편은 이런 정기적인 사역지 이동 시기가 아닌 5월에 교회를 사임한 것이다. 청년부 담당목사였던 그녀의 남편이 청년 자매와 스캔들이 터진 것이다. 이 사실을 그 자매의 어머니가 담임목사에게 알렸고 담임목사는 수미 사모의 남편과 청년 자매를 직접 불러 자초지종을 들은 뒤 목사를 해임하기로 결정한 것이다. 물론 교인들에게는 비밀로 하는 조건이었다.

청년부 사역자의 아내로 산다는 것은 살얼음판을 걷는 것과 같다. 청년 사역은 늘 밤에 이루어질 때가 많고 한국 교회 현실상 대부분의 청년들이 자매들이다. 사실 사모의 나이와 청년 자매들의 나이가 별반 차이가 나지 않을 때도 많다.

자매들은 청년부 목사에게 늦은 밤에도 상담을 해오고 직장에 다니는 자매들은 일을 마치고 밤에 모여서 성경공부를 하는 경우도 많다. 수미 사모의 남편인 이 목사도 비슷한 형태로 청년 자매들을 섬기고 있었다.

남편이 청년부 사역이 활발한 신도시의 한 중형교회에 부임을 하게 되었을 때까지만 해도 수미 사모는 별 걱정을 하지 않았다. 남편이 청년부 목회를 할 때 가장 기도를 많이 해야 한다는 이야기를 듣기는 했지만 설마 신실하고 가정적인 내 남편에게 무슨 일이야 있을까 하고 귀담아듣지 않았다. 그런 염려는 남편을 믿지 못하는 사모들의 괜한 걱정이자, 하나님을 신뢰하지 않는 불신이나 다름없다고 생각했다.

그래서 수미 사모는 남편의 청년부 사역의 말없는 조력자가 되어 도왔다. 남편이 송구영신 예배가 끝난 뒤 아무 예고 없이 20여 명의 청년부 리더들을 데리고 왔을 때에도, 출산한 지 얼마 되지 않았을 때 청년들이 밥을 못 먹었다며 다급히 식사를 내오라고 채근했던 날도 수미 사모는 기쁘게 섬겼다. 오히려 아무도 따르지 않는 목회자가 되는 것보다 감사한 일이라고 생각했다.

남편은 청년 리더가 살아야 청년부 부흥이 일어난다고 믿었다. 그래서 청년 리더 자매들 원투원 상담 등에 힘썼다. 특히 찬양팀 다섯 명의 자매들을 열심히 돌봤는데 그즈음부터 남편의 귀가 시간이 점점 늦어지기 시작했다. 남편은 이 자매들의 주중 성경공부가 끝나면 밤이 늦은 시간임에도 불구하고 함께 저녁을 먹고 차를 마시며 교제와 대화를 하고 들어오곤 했다. 밤 10시, 11시, 어느 날은 새벽 1시에 들어온 적도 있었다. 그래서 어느 날 마음 다잡고 남편에게 말을 했다.

"청년부 사역이 중요한 건 알겠지만 꼭 이렇게 유난스럽게 해야 해? 이럴 거면 청년부 사역 그만두고 장년 사역을 하면 어때?"

"내가 청년들에 대해 남다른 마음을 갖고 있는 거 당신이 알잖아. 갑자기 새삼스럽게 왜 그래."

남편은 말도 안 된다는 듯이 수미 사모의 말을 일축했고 수미 사모도 더 이상 말을 하지 못했다. 자존심도 상하고 남편을 못 믿는 것처럼 보일까 봐 다른 일들을 꼬투리 삼아 남편에게 화를 내기 시작했다. 남편과의 갈등은 점점 커져갔다. 그러던 중 사건이 터진 것이다.

문제의 자매는 아버지에 대한 상처가 많은 자매였다. 폭력적인 아빠로 인해 부정적인 남성상이 강했는데 청년부 담당 목사와의 상담을 통해 왜곡된 남성상이 회복되었고, 그 일을 계기로 그 자매는 남편을 절대적으로 의지했다. 늦은 밤에도 카톡을 보내는 건 다반사이고, 특별 새벽기도가 시작되면 가는 길에 데릴러와 달라는 부탁을 하기도 했다. 그때마다 남편은 수미 사모를 태운 채 그 자매 집으로 가서 자매를 교회에 데려다주곤 했다. 그러던 어느 날, 남편이 그 청년을 집에 데려다주고 다시 차에 타려던 순간, 뜻하지 않은 스킨십이 발생했고 하필이면 그때에 그 자매의 어머니이자 교회 권사였던 분이 그 광경을 본 것이다. 다행히 자매의 어머니는 자신의 딸을 헌신적으로 돌봐준 목사의 장래를 생각해서 외부에는 말하지 않기로 했다.

이후 수미 사모의 남편은 깊은 통회의 시간을 보내며 사역을 멈추고 비달일 등 막노동을 시작했다. 그렇게 한 해가 저물 무렵 다시 청년부 사역을 하고 싶다며 이력서를 쓰고 있는 남편의 모습에 수미 사모가 폭발했다.

갑작스러운 남편의 사임 소식에 주변에서 무슨 일이냐고 물었지만 수미 사모는 아무에게도 마음을 터놓을 수 없었다. 하지만 수미 사모는 자신이 생계 전선에 나가는 한이 있더라도 남편이 조금 더 자신을 돌아보는 시간을 가지기를 원했다. 또다시 그 지옥 같은 상황에 끌려 들어가고 싶지 않았다. 그래서 다시 청년부 사역을 하겠다는 남편에게 별거를 통보했다.

그리고 죽을 것만 같은 불안과 막막한 미래에 대한 걱정으로 고민하던 수미 사모는 뒤늦게 친한 동기 사모에게 사정을 털어놓았다. 그대로 참고 있다가는 정신병에 걸릴 것 같았다. 그렇게 만난 사모들의 기도모임에서 수미 사모는 처음으로 자신의 아픔을 털어놓고 기도를 부탁했다. 사랑씨도 이때 처음 말로만 듣던 청년부 사역자 사모의 아픔을 목격했다.

하지만 이런 일은 단순히 수미 사모 한 사람만의 일이 아니다. 교회마다 목회자 스캔들이 생각보다 빈번하게 발생한다. 그럼에도 불구하고 사모는 남편의 외도 아닌 외도 앞에 쉽게 이혼장을 내밀지 못하고 자신의 내조가 부족했거나 자신이 좋은 아내가 되지 못했기 때문이라고 생각한다. 무엇보다 부모나 가족들조차 한 번쯤 남편의 실수를 용서해주어야 한다고 조언하는 경우가 많다.

그런가 하면 어떤 교회는 교회 사모가 목회자인 남편에게 '65세 넘은 교인들하고만 악수를 하도록' 요구해서 실제로 그렇게 하고 있다고 한다. 그 이야기를 들은 젊은 사모들이 한바탕 웃음을 터뜨리기도 했지만, 오죽 남편이 신경이 쓰였으면 그랬을까 싶어 공감하는 바가 컸다.

하지만 대부분의 여자 성도들은 이런 사모들의 심정을 이해하지 못한다. 사모가 보는 앞에서 반가움의 표시로 자신의 남편에게 안기며 인사를 나누기도 하고 오랫동안 손을 붙잡고 얘기를 나누는 경우는 허다하다.

그래서 청년 사역 중인 목회자의 사모들은 늘 마음을 졸이며 산다. 남편이나 성도가 경건하지 않아서라기보다 성적인 유혹은 수십 년간 쌓아온 경건의 삶을 한 순간에 무너뜨릴 수 있다는 걸 잘 알기 때문이다. 그래서 사모들은 여성 성도가 많이 참여하는 성경공부나 상담은 가능하면 여성 목회자가 하거나 그럴 수 없다면 대낮에 교회 안이나 오픈된 장소에서 하도록 하고 남성 목회자와 여성성도 사이의 불필요한 손 인사 등은 삼가는 문화가 널리 확산되기를 바란다.

영적 사춘기를 벗어나지 못한
목회자 남편

사랑 씨가 가장 힘든 일 중 하나는 남편과의 어려움을 누구에게도 털어놓을 수 없다는 사실이다. 하나님의 종으로 부르심을 받은 남편에 대한 험담은 곧 하나님의 경륜과 일하심에 대한 불순종이 아닐까 하는 두려움이 있기 때문이다. 그래서 가장 친한 친구에게조차 맘 편히 말을 할 수 없게 된다. 사랑 씨도 예외는 아니었다. 친구들은 '목회자인 남편이 고매한 인격과 배우자를 향한 헌신과 최상의 배려심'을 가진 사람이라고 생각하지만 남편은 그냥 평범한 교회 오빠였다. 그도 일반 가정의 남편들과 별반 다를 게 없는 사람이라는 생각을 거의 하지 않는다. 친구들은 남편이 반복되는 종교적 위선에 가려 정직하게 하나님 앞에 나가지 못하고 휘청거릴 때도 많다는 생각은 꿈에도 하지 못한다.

성도들 앞에서 어쩔 수 없는 남편의 가면을 볼 때, 사랑씨는 가장 가까운 사람으로서 그런 남편의 모습을 이해하고 참는 것이 자신이 해야 할 가장 중요한 일이라고 생각하고 있지만 그렇다고 해서 그런 사모의 자리가 결코 쉬운 것은 아니다. 때론 이 자리에서 벗어나고 싶다는 생각이 들고, 평범한 성도로 목회자를 바라보고 정신적으로 의지하면서 신앙생활을 했던 옛날이 그리워지기도 한다. 하지만 이런 그녀의 고민을 누구와도 이야기할 수 없다.

사모 모임에서 만난 근영 사모에게도 같은 고민이 있었다.

"당신, 언제쯤 담배를 끊을 거예요?"
"올해는 끊어봐야지."
"매년 하는 말이잖아요."

근영 사모를 가장 피곤하게 하는 남편과의 대화 주제다. 근영 사모는 방가 후 교사다. 경상남도 창원이 고향인 근영 사모는 서울로 시집간 언니를 따라 청년 시절을 서울에서 보냈다. 서울 변두리 산동네에 위치했던 작은 교회에서 지금의 남편을 만났다. 근영 사모가 교회 출석했을 때 남편은 청년부 회장이었다. 남편의 남다른 리더십과 주중 청년부 모임에서 기도 인도하는 모습에 근영 사모는 큰 은혜를 경험하곤 했다. 산동네 작은 교회였기에 남편은 준 사역자 역할을 담당했다. 새로운 청년들 성경공부를 시키거나 일대일 양육까지 해나갔다. 남편의 말씀에는 늘 은혜가 있었고 남다른 영적 권위가 있었다. 남편으로부터 양육을 받은 청년들이 하루가 다르게 변해가는 것을 그녀는 가까이에서 지켜봤다.

근영 사모의 남편은 계모 밑에서 자랐다고 했다. 아버지는 일찍 여위고 계모의 학대가 심해지자 일찍 독립을 했다고 말했다. 일찍 독립을 했다고 하지만 그냥 세상적인 삶을 이어 살았던 모양이다. 예수님을 인격적으로 만나기 전까지 술집을 자기 집 드나들 듯이 살았던 것이다.

교통사고로 생과 사를 오가는 순간에 예수님을 인격적으로 만난 그는 인생이 180도가 달라졌다. 모든 타락한 일상을 끊고 말씀과 기도에 전념하는 삶을 살았던 것이다. 뒤늦게 신학대학교를 진학한 후 신학대학원을 준비하던 중 근영 사모가 다니는 교회에 출석했던 것이다.

작은 교회라서 그런지 청년부 담당 사역자가 자주 바뀌곤 했다. 청년들은 주로 남편이 돌보기 시작했고 남편의 돌봄만으로도 청년부는 든든하게 세워져 갔다. 근영 사모도 교회 적응을 한 후 남편을 도와 그 산동네 작은 교회를 섬겼다. 청년부 수련회나 다양한 전도 행사 등을 남편과 함께 해가며 남다른 관계를 이어갔다. 그렇게 정이 들어갈 무렵 근영 사모는 프러포즈를 받았다. 이성적으로 매력적이지는 않지만 영적으로는 끌리는 것이 사실이었다. 3개월의 고민 끝에 프러포즈를 받아들였다. 하나님을 향한 열정 외에 가진 것이 없는 사람, 남다른 말씀과 기도의 은사가 있던 사람, 근영 사모는 목회의 길은 이것이면 충분할 것이라 믿었다. 하나님만 바라보는 사역자라면 사모로서의 삶은 충분히 감당할 수 있을 것이라고 생각했다.

결혼과 동시에 그녀의 남편은 신학대학원 준비를 본격적으로 해나갔다. 진학하기 원하는 신학대학원 근처에 작은 월세 방을 얻고 대부분의 시간은 그 신학대학원 빈 강의실에서 공부에 매진하며 지냈다. 내일 먹을 쌀이 없을 정도로 가난한 일상은 이어졌다. 그 가난한 삶 속에서도 은혜의 줄기는 끊이지 않았다. 쌀이 떨어질 무렵이면 그 월세 방 문 앞에 누군가가 쌀을 놓고 가곤 했다. 김치가 필요할 때는 김치가 놓여 있곤 했다. 가난했지만 하나님의 공급하심을 더 구체적으로 경험하는 시간이었다. 자신의 월급으로는 남편 학비 준비는커녕 생활비도 빠듯했지만 하나님께서 책임져주실 것이라는 믿음이 점점 커가기 시작했다.

재수 끝에 남편은 준비하던 신학대학원에 입학을 했다. 세 자녀를 낳고 근근이 생활을 이어나갔다. 남편은 청년들에게 남다른 애정이 있었기에 청년부 중심으로 사역들을 이어 나갔다. 신학대학원을 졸업한 후 청년부와 교구 사역들을 맡았을 때도 청년들을 우선순위로 두고 섬기기 시작했다.

교회 사택에 있는 근영 사모의 집에는 늘 청년들로 북적였다. 근영 사모도 청년들을 예뻐했기 때문에 늦은 밤에 찾아오는 청년들에게 라면을 삶아 주는 일들을 기쁨으로 감당했다. 남편과 함께 청년들을 먹이고 상담해 주는 일상들은 근영 사모에게도 보람과 기쁨을 선사해줬다.

그런데 남편을 위해 오래 기도해 왔던 까닭일까. 언제부터인가 남편의 행동이 이상하다는 것을 직감했다. 그리고 우연히 남편의 서랍에서 담배를 발견한 것이다. 남편을 추궁한 끝에 담배를 끊지 못했다는 것을 알게 되었다.

남편은 사역이 고되거나 영적으로 다운이 되면 담배를 피우거나 술을 마시고 오곤 했다. 그것도 여의치 않으면 중고 사이트에 들어가서 최신 핸드폰을 사고팔기도 했다.

근영 사모는 처음에 남편의 이런 행동을 어느 정도 품고 이해해주고 싶었다. 계모 밑에서 자란 남편이 계모로부터 심한 학대를 받은 날이면 그 고통을 풀기 위해 중학교 시절부터 몰래 친구들과 담배를 피워왔던 모양이다. 그 시절 얼마나 외로웠을지 어렴풋이나마 이해하려고 노력했다. 그리고 '성적인 영상물'에 빠진 목사 남편으로 인해 골치를 앓는 다른 사모들의 이야기를 들으면 '그것보다는 담배가 낫지'하면서 스스로를 위로하기도 했다. 그리고 오랜 세월 눈물로 중보 했다.

그러나 사역이 아닌 이런저런 다른 핑계로 귀가가 늦어지는 남편 때문에 근영 사모는 잠을 이룰 수가 없었다. 영적 사춘기를 벗어나지 못한 듯한 목회자의 방황을 옆에서 지켜보는 것은 죽을 만큼 힘들었다. 그런데 그 보다 더 힘든 날들이 시작됐다. 남편이 주일 설교를 시작한 것이다.

지금도 이해하기 힘든 것은 남편의 설교에는 하나님의 은혜가 있었다. 저렇게 일상이 무너져버렸는데 '하나님께서는 어떻게 남편을 통해 계속 일을 하고 계시지'라는 생각이 그녀를 더 혼란스럽게 했다.

차라리 교회에 남편의 이런 상태를 폭로하고 사임하게

하고 싶었다. 그런 고통을 통해서라도 남편이 빨리 정신을 차리게 해주고 싶었다. 하지만 그것마저도 그녀의 마음대로 해서는 안 된다는 것을 근영 사모는 너무나 잘 알고 있었다.

시간이 갈수록 남편보다 하나님을 향한 궁금증이 더 커 간다는 근영 사모. 말씀 사역에 기름 부으심이 있는 남편을 보면서, 그 은사마저도 하나님께서 거둬가길 원한다는 근영 사모. 은사보다 삶이 중요하다고 믿고 있는 근영 사모는 남편으로 인해 하나님에 대한 혼돈이 더해가고 있다.

사실 많은 사모들이 남편들의 이런 경건하지 못한 일상들로 인해 시험에 들 때가 많다. 교회에서 보이는 모습과 가정에서의 모습이 너무나 다르기 때문이다. 그래도 근영 사모의 경우, 배우자가 자신의 문제를 인식하고 있고 그것에서 벗어나려고 기독교 심리 치료 센터를 찾고 있다. 하지만 여러 목회자들 중 중독 문제가 해결되지 않아 영적으로 피폐한 일상을 이어가며 사역을 직업처럼 해가는 사례도 있다. 자신의 내적 문제, 영적 문제에 대해 회피한 채 말이다.

목회자가 목회의 길을 갈 때는 성도들이 경험하지 못하는 남다른 상처와 고난의 삶이 바탕이 될 때가 많다. 그 상처와 고난의 깊이는 영혼을 품는 좋은 자양분이 되는 것은 사실이다. 그러나 내적인 상처를 하나님 앞에서 직면하고 치유받지 못하면 중독처럼 여러 경로를 통해 그 공허한 마음을 해소하려고 한다.

특히 목회자들은 치열한 영적인 사역이 끝난 후 그 공허감은 이루 말할 수가 없다. 그래서 목회자의 내면 치유와 회복은 그 어떤 사역과 일보다 중요한 것이 사실이다. 내적으로 회복되어 있지 않은 남편 목회자와 사는 사모는 그 '고통 지수'가 갑절에 다다른다. 오히려 남편으로 인해 하나님을 떠나는 경우도 있다. 몸은 교회에 와서 살고 있지만 말이다.

사모들은 남편 목회자에게 큰 사역이나 유명한 사역보다 건강한 사역을 하길 바란다. 목회자와 사모들의 내적 치유와 회복이 우선되어야 하는 이유도 그것이 바로 교회 공동체 건강과 연결이 되어 있기 때문이다.

자녀 교육도 교인 눈높이에 맞추려는 남편, 상처 받는 아내

영기 사모는 대학병원의 간호사다. 3교대로 일을 하기에 체력적으로 벅차지만 사역자인 남편 뒷바라지를 위해서는 감당해야 한다고 생각했다. 사실 동네 작은 병원 간호사로 일을 할 수도 있었다. 하지만 대학병원에서 근무하는 이유는 자녀들 교육비만큼은 경제적으로 눈치 보지 않고 쓰고 싶었기 때문이다. 사역하는 남편을 위해 잦은 이사와 경제적인 가장의 역할까지 해가며 자신을 위한 것은 다 포기하고 접을 수 있었다. 그런데 그녀가 포기할 수 없던 단 한 가지는 두 아이의 교육 문제였다. 영기 사모는 자녀들에게 좋은 교육의 기회를 제공해 주고 싶었다. 부모로서 자녀에게 할 수 있는 최선의 선물은 교육이라고 믿었기 때문이다.

첫째 딸의 초등학교 진학을 앞두고 서둘러 기독교 대안학교를 알아봤다. 그리고 신앙적으로 교육적으로 잘 알려진 대안학교를 찾을 수 있었다. 한 학기 등록금이 만만치는 않았다. 하지만 자녀교육도 사모로서 사명이라고 생각했고 이것을 위해 자신이 고된 3교대 간호사 일을 해왔기에 교육비만큼은 아끼고 싶지 않았다.

딸 희서가 그 대안학교 진학을 한 것이 교회 안에 퍼지기 시작했다. 어린 딸이 교회학교 공과 시간에 교사 집사에게 자신이 올해부터 다닐 학교를 자랑 아닌 자랑을 했던 모양이다.

그 일이 남편 사역에 화근이 될 줄은 꿈에도 몰랐다.

"사모님, 희서 좋은 초등학교 보내셨네요."
"아, 예…. 좋은 기회가 있어서 보내게 되었어요."
"우리 애도 보내고 싶은데, 그 학교 학비가 너무 비싸던데, 사모님은 능력이 많으시니까…."
"저도 생활이 빠듯해요. 그래도 희서가 원하니까 보냈네요."
"저희 집도 맞벌이만 해도 애를 그 학교 보낼 수 있었는데, 우리 이 집사 사업이 오락가락 하니 너무 속상하네요."

교인들이 하나둘 영기 사모에게 와서 희서 학교에 대해 물어보기 시작했다. 무슨 돈으로 보내게 되었는지 궁금하다는 둥, 친정에 돈이 많아서 좋겠다는 둥, 사모가 능력이 많으니 목사님이 굳이 사역까지 안 해도 되겠다는 둥…. 이 얘기는 고스란히 담임목사에게까지 들리기 시작했다. 어느 주일 밤 남편이 굳은 표정으로 집으로 돌아왔다.

"당신, 희서 학교 거기 계속 보내야겠어?"
"아니, 왜 그래요?"
"오늘 당회장실에서 깨지고 왔어. 교인들이 우리 아이만 그렇게 좋은 학교 보내는 것이 불편한가 봐."
"내가 도둑질해서 아이 학교 보낸 것도 아니고, 쓰고 싶은 것 먹고 싶은 것 안 쓰고 안 먹고 뼈 빠지게 벌어서 자녀 초등학교 좀 보낸 것이 그렇게 문제가 되나요?"
"그래도 교회 문화가 있잖아."
"문화? 무슨 문화요? 목회자 자녀는 좋은 학교 좀 다니면 안 되나요? 언제까지 우리 아이들은 교회 안에서 속수무책으로 눈치를 보면서 살아야 해요? 그렇게 사는 거, 저 하나로도 부족해요? 아이들 어렸을 때부터 교회 집사들 자녀에게 맞고 오는 것만으로도 너무나 속상했는데, 얼굴 한 번 찡그린 적이 없어요. 당신 사역에 지장이 갈까 봐…. 이젠 학교마저 교인들 눈치 보고 진학시켜야 하나요?"
"아니, 그런 뜻이 아니잖아."

"내가 불교 학교 진학을 시킨 것도 아니고, 신앙으로 자녀 양육 잘해보겠다고 하는데 왜 다들 저만 죄인 취급을 하는 거죠. 저도 엄마예요. 다른 소원보다 자녀 잘 되길 바라는 그냥 평범한 엄마라고요."

그렇게 남편과 말다툼을 한 뒤 울적하게 며칠을 보내고 있던 중 중국 선교사로 나가 있는 친척 언니와 통화할 기회가 있었다. 그런데 그 언니도 영기 사모와 비슷한 고민을 털어놓았다.

"나도 우리 아이 중국에 있는 학교를 보내면 공산당 교육을 받을 것 같은 거야. 그래서 천진에 위치한 국제학교를 알아봤거든. 한 학기 학비가 2천만 원이나 되는 학교인데, 그 학교가 미국 선교사들이 세운 학교라서 선교사인 우리에게 낼 수 있는 학비만큼만 내라고 제안하더라고. 내가 3백만 원까지 한 학기에 낼 수 있겠다고 말하니까 그렇게 내고 진학을 허가해준 거야. 대신 학부모가 학교에서 자원봉사를 하는 조건으로 말이야."
"언니 너무 잘 됐네요."
"잘 되긴. 나도 너처럼 일이 복잡해졌어. 주변에 성도들이 한 마디씩 하더라고. 선교사가 무슨 돈이 있어서 그 비

싼 국제 학교를 보냈느냐, 여기 보내기 위해 선교사로 가장을 해서 중국에 온 것은 아니냐, 별별 얘기를 다 듣고 있어."

"언니 마음도 지옥 아닌 지옥이겠네요."

"돈이 없어서 그 학교를 못 보낸 사업하는 어떤 집사 부부가 교인들에게 이런 얘기를 퍼트리고 다니더라고. 사실 여기 학부모들 대부분이 대기업 주재원들이라 더 그럴 거야."

"저도 주일마다 교회에 가면 죄인처럼 있어요. 담임목사님은 물론이고 담임목사 사모님 눈 마주치기가 겁나요. 남편이 여기서 사역하는 것 만족해했는데, 사역지를 옮기던지 진학을 포기하던지 해야 할까 봐요."

"사역자는 가난해도 욕먹고 경제적인 풍요를 누려도 욕먹고. 욕먹는 것도 사역인가 봐."

오랜만에 사촌언니에게라도 마음을 쏟아서 속이 좀 풀린 영기 사모. 그럼에도 지금은 딸 희서 학교 진학 문제로 인해 남편과 냉전 아닌 냉전의 시간을 보내고 있다. 누구보다 열심히 남편 뒷바라지를 하며 살았다고 생각했는데, 이 자녀 교육만큼 포기하고 싶지 않았는데 이것마저도 정말 사치였던 것일까. 사모도 자녀 양육에 있어서 다른 엄마들처럼 똑같이 선한 욕심을 가질 수 있다는 사실을 왜 성도들은 알아주지 않는 것일까.

 영기 사모의 이야기를 전해 들은 사랑 씨는 교회 안에 목회자 자녀들 진학 문제로 고민하는 사모들이 의외로 많다는 것을 발견했다. 목회자 가정의 모든 것을 공유하고 싶어 하는 성도들. 이 작은 관심의 불씨가 목회자 가정의 불화를 부채질하고 있다는 것을 교인들은 상상도 하지 못한다.

교회가 집이 되어
신앙에서 멀어지는 자녀들

계숙 사모의 어머니는 전도왕이었다. 한국교회 초창기 시절, 선교사로부터 복음을 접한 후 어머니도 전도 부인으로 살아오셨다. 이모의 중매로 지금의 남편을 만났다. 계숙 사모도 어머니처럼 복음에 대한 열정이 남달랐다. 사모가 되었을 때 어른들로부터 사모는 '해야 한다'는 말을 참 많이도 듣고 살았다. 그리고 그 어른들의 말처럼 교회를 섬겨야 자신으로 인해 교회가 잡음이 생기지 않고 성장해 갈 것이라고 믿었다.

"사모는 교회와 결혼을 한 거야. 남편은 없다고 생각해야 해. 명심해라."
"사모는 자녀교육만큼은 모범을 보여야 한단다."
"자녀가 잘 되어야 네 권위도 선다."

계숙 사모는 친정어머니의 이 말씀을 두고두고 생각하며 살았다. 남편은 신학교를 졸업하자마자 서울 성북구 한 산동네에서 일찍 교회 개척을 시작했다. 교회를 함께 세워 가야 한다는 사명감으로 계숙 사모도 쉴 새 없이 지역 전도에 힘을 썼다. 심지어 세 아이 임신했을 때조차 금식을 하며 영혼 구원을 위해 노력을 했다.

교회도 점점 자립이 되어가고 세 아이들도 반듯하게 자라기 시작했다. 담임목사의 자녀는 어딜 가든 모범이 되어야 한다고 생각했다. 세 자녀들도 자신처럼 교회 봉사의 달인들이 되어 갔다. 교회 학교 교사, 피아노 반주 등 다양한 일들을 아이들과 맡아서 감당해 나갔다. 아이들의 옷매무새부터 교인들 앞에서 인사하고 말하는 모든 예의범절을 아주 철저하게 교육했다.

교회 사역만이 아니라 아이들 교육에도 남다른 열정을 보였다. 특히 대입을 치를 때마다 아이들이 명문 학교에 진학하는 것이 성도들 앞에서도 본이 된다고 믿었기 때문이다. 계숙 사모는 자신의 기도와 바람처럼 아이들을 어엿한 청년으로 자랄 수 있게 이끌었고 다들 명문 고등학교와 명문대를 진학시켰다.

"어머 사모님, 은실도 이번에 서울대에 합격했다면서

요? 너무나 축하해요."

"다 주님의 은혜죠"

"사모님은 어떻게 그렇게 자녀교육을 잘 시키세요? 저희도 한수 배워야겠어요."

"주의 일을 열심히 하면 주님이 다 책임져 주십니다."

교회서 계숙 사모의 입지는 더 커져갔고 집사들 사이에서 계숙 사모의 교육 철학이나 교육 방식은 거의 정석처럼 여겨지기 시작했다. 자녀 고민이나 교육 문제를 비롯해 가정의 많은 기도 제목들을 계숙 사모에게 쏟아놓았고 계숙 사모도 그 기도 제목들을 놓고 기도하는 것에 열심을 내었다.

사실 더 솔직한 심정으로 계숙 사모는 그렇게 성도들이 자신을 인정해 주는 것에 희열을 느끼곤 했다. 그동안 자신의 열심으로 하나님 앞에 축복을 받는 것이라고 믿었기 때문이다.

그런데 아이들이 대학을 채 졸업하기도 전에 남편이 새벽예배를 인도하고 집으로 돌아오는 길에 교통사고를 당했다. 그리고 일주일만에 세상을 떠나고 말았다.

남편의 죽음에 대한 고통보다 앞으로 자신의 진로가 시간이 지날수록 더 염려되기 시작했다. 남편과 함께 일궜던 교회에 더 남을 수 없다는 현실이 계숙 사모를 고통스럽게 했다. 교회 중직자들은 계숙 사모 가정이 살아갈 수 있게 일정 기간 동안 연금을 지급해 주기로 결정을 했다. 몇 달을 집에서 앓아누웠던 것 같다. 아무것도 보이지가 않았다.

그렇게 정신이 들고 나니 아이들이 보이기 시작했다. 주일에 되었는데 아이들이 교회를 나가지 않는 것이다. 주일 오전부터 둘째와 셋째는 보이지가 않았다. 늦잠을 자고 있는 첫째 딸을 깨워서 혼을 내기 시작했다. 그러자 딸의 입에서 상상치도 못했던 말이 쏟아져 나왔다.

"엄마, 저 교회 안 다녀요. 저희 교회 안 다니기로 했어요."

"그게 무슨 말이야? 너희 지금 아빠 안 계시다고 멋대로 할 거야?"

"그동안 아빠 교회 다니느라 저희도 힘들었어요. 아빠의 죽음은 너무나 고통스러웠지만 한편으로 아빠 교회 더 이상 나가지 않는다는 자유도 느낀 것이 사실이에요. 더 이상 목사 가정의 꼭두각시 노릇 하고 싶지 않아요. 전 목회자 사모인 엄마의 인형이 아니라고요."

계숙 사모는 절망했다. 교회 사모로 누구보다 열심히 살았는데, 담임목사의 아내로 생명 다 해 달려왔는데 유일하게 남은 자녀들에게 이런 얘기를 들을 줄은 꿈에도 생각지 못했다.

그러고 생각해 보니 아이들을 키우면서 아이들이 원하는 것을 묻거나 들어준 적이 없었다. 계숙 사모가 생각하기에 담임목사의 자녀는 '이러 이러야 해'라는 그 형태를 따라 교육하고 이끌었다. 그것이 남편이 사역하는 데 있어서 덕이 되는 것이라 믿었다. 그리고 아이들도 그것을 잘 따라줬기에 아무 문제가 없다고 생각해왔다. 담임목사의 자녀들에게 아빠의 교회가 얼마나 큰 짐이었는지 이제야 아이들의 목소리를 듣게 된 것이다. 계숙 사모는 이 깨어짐의 시간을 통해 다시 하나님을 찾고 있다.

계숙 사모의 얘기를 들으면서 많은 사모들이 자신 역시 자녀들에게 목회자 자녀의 틀을 강요하고 있지 않았나 돌아보게 되었다. 많은 사모들이 자녀들의 개성과 의견은 존중하지 않은 채 남편 사역에 잡음 생기지 않게 통제하려고 애쓴다. 아이들의 교회 출석보다 더 중요한 것은 아이들의 영혼 그 자체임에도 많은 사모들이 교인들의 시선의 노예가 되어 살고 있다.

사실 목회자의 자녀들은 부모의 교회에 출석하는 것을

힘들어한다. 모든 행동에 제약을 받기 때문이다. 목회자의 자녀들은 신앙도 좋아야 하고 공부도 잘해야 하고 인격도 갖춰야 한다는 교인들의 통념과 기대가 아이들의 자연스러운 성장과 자발적인 신앙 여정을 방해하는 결정적인 장애물이 되는 경우가 많다. 그래서 사춘기를 지나면서 아예 교회를 떠나고 신앙을 잃어버릴 뿐 아니라 반감을 품는 안타까운 일들이 벌어진다.

교회가 나름 청춘들에게 매력이 있던 시대는 지났다. 부모가 목회자라고 해서 그 자녀들이 당연히 신앙 안에서 성장할 거라는 기대는 말아야 한다. 그렇게 강제로 잡아두려 했다가는 영원히 잃어버릴 위험이 높다. 그러므로 '목회자의 자녀'라는 꼬리표를 떼어주고 다른 성도들과 마찬가지로 하나님과 일대일의 관계 속에서 능동적으로 믿음을 선택할 수 있도록 도우며 섬겨야 한다.

자해하는 딸,
생명치유 사역하는 남편

 "어머니, 정현이가 오늘 학교에서 친구들에게 자해하는 방법을 공유하더라고요. 내일 학교에 한 번 오시겠어요."

 희경 사모는 딸 정현이의 방황으로 하루하루가 조마조마하다. 중학교에 입학하자마자 정현이는 전혀 다른 사람으로 변해버렸다. 화장을 시작했고 겨울에도 짧은 미니스커트를 입고 다니기 시작했다. 한 번은 친구들을 집으로 데리고 왔는데 아가씨들이 집으로 온 줄 알았다. 도저히 중학교 1학년이라고 믿기지 않을 정도로 짙은 화장을 하고 인사를 하는데 할 말을 잃어버렸다.

 그 아이들의 손목 주변에도 딸 정현이의 자해 흔적처럼 자해의 흔적들이 보였다. 자신들은 긴소매로 감춘다고 감췄지만 소매 폭이 넓어서 주의 깊게 살피면 그 흔적을 엿볼 수가 있었다. 정현이는 학교에서 정학을 앞둔 아이들과 친구 관계를 맺고 그 친구들과 어울려 다니는 것을 좋아했다. 때려도 보고 타일러 보기도 했지만 희경 사모의 힘으로는 역부족이었다.

  희경 사모의 남편은 서울 강북에서 특수 목회를 하고 있다. 사회복지와 상담심리까지 공부하며 장애인 사역을 준비해 왔다. 그녀의 가정이 이렇게 사회복지에 관심을 갖게 된 이유는 남편이 내적으로 힘든 삶을 살았기 때문이다. 아들 석이를 임신했을 때 희경 사모는 남편의 폭력으로 늘 불안한 일상을 살아야 했다. 폭력적인 아버지 밑에서 성장한 남편은 자신의 감정 조절을 하기 어려워했다. 자상할 때는 세상 누구보다 자상한 남편이었지만 자신의 마음에 들지 않는 상황이 벌어졌을 땐 언어폭력은 그냥 일상이었고 이따금 손찌검을 하곤 했다. 남편의 기분에 따라 그녀가 차려진 밥상은 엎어지기 일쑤였고 남편이 집에 들어오는 순간 집안 공기는 얼어붙었고 긴장 상태로 지내야 했다.

  한 치유 집회에서 내적 치유를 경험한 남편은 나름의 고심 끝에 신학의 길을 들어섰다. 신학 공부를 마친 후 심리상담과 사회복지 공부를 해가며 자신처럼 내적으로 정신적으로 힘든 사람들을 돕고 싶어 했다. 그렇게 남편은 자신의 길을 찾아가기 시작했다.

아들 석이가 태어나고 얼마 지나지 않아 석이가 다른 아이들과 발육이 다르다는 것을 직감할 수 있었다. 남편은 아들의 정신 장애를 인정하지 못했다. 아들의 장애를 더 잘 돕기 위해 장애인 사역을 시작했지만 아들을 돌보는 일에는 뒷전이었다. 남편은 다른 장애인들 사역에 더 집중했고 다양한 장애인들을 위한 사역들을 펼쳐가기 시작했다. 외적으로 보기에는 장애인 아들을 둔 목회자로 장애인을 둔 부모들에게 더 많이 어필이 된 것도 사실이다. 하지만 그것은 외적인 모습이었을 뿐 자녀들을 돌보는 것은 그녀의 몫이었다.

교회 사역과 외부 사회복지 사역들로 남편은 눈코 뜰 새 없이 바쁜 일상을 보내야 했다. 교회 장애인들 돌봄 사역까지 그녀의 몫이 되어가고 있었다. 아들 석이를 돌보는 일은 딸 정현이가 감당해야 했다. 정현이는 어렸을 때부터 오빠를 돌보는 일에 열심이었다. 부모의 부재를 일찍 느낀 정현이는 동네 나가서 놀 때도 오빠를 챙기고 나가서 놀았다. 그렇게 놀다가도 친구들에게 오빠로 인해 놀림을 받거나 괴롭힘을 당하곤 했던 모양이다. 정현이는 오빠를 놀리는 아이들에게 처음에는 일방적으로 당했던 모양이다. 그러다 학년이 올라가면서는 맞서 싸우곤 했다. 아이는 점점 거칠어져 갔다. 그렇게 정현이의 마음이 거칠어져 가고 있었다는 것을 엄마인 희경 사모는 일찍 알아채지 못했다. 개척교회도 어려운데 특수 사역은 그것에 몇 배나 어려운 길이었다.

남편의 긴 내적 방황 끝에 시작한 사역이었기에 성공적으로 이 사역의 길을 잘 갈 수 있도록 돕고 싶었다. 그렇게 교회 사역에 전념했던 무렵부터 딸 정현이는 밖으로 겉돌기 시작했다.

어느 날 정현이의 방 서랍에서 형광색의 작은 라이터를 발견을 했다. 설마 정현이가 담배를 피울 것이라고는 상상도 해보지 못했다. 그 뿐 아니었다. 어느 날부터인가 딸의 치마는 점점 짧아지기 시작하더니 화장을 하기 시작했다. 그리고 하루가 다르게 짙어졌다. 그렇게 멋 부리는 것도 일시적이라 여겼다. 다 한때 누리는 것이라고 생각했다. 그래서 어느 정도는 눈감아 주고 싶었다. 자신도 어린 시절 그렇게 꾸미고 싶었던 때가 있었기 때문이다.

그런데 그 수위가 점점 높아지면서 며칠 씩 집에 안 들어오는 경우가 생기기 시작했다. 너무나 속이 탔지만 주변에 알릴 수가 없었다. 남편이 목회자였기 때문이다. 하루가 멀다 하고 집 나간 딸을 찾으러 아는 친구들을 수소문하는 것이 일이었다. 그러던 중에 친구네 집에서 딸이 자해를 하곤 했다는 사실을 처음으로 듣게 된 것이다.

"정현이가 친구 집에 가면 늘 자해를 해요. 동영상으로 찍어서 자랑도 하고"

믿을 수가 없었다. 정현이가 집으로 오자마자 식탁에 앉아 정현의 팔소매를 강제로 걷어봤다. 정현이 친구의 말은 진짜였다. 그 얘기를 들은 얼마 후 학교에서 전화가 온 것이다. 학교 선생님을 만나 정현이의 학교생활을 들을 수 있었다. 희경 사모도 모르는 사이 지각은 물론이고 조퇴도 많았다.

"정현이에게 관심이 필요합니다. 가출 청소년들을 상담하면서 알게 된 사실인데 이렇게 자해를 하는 아이들의 경우 누군가의 관심을 강하게 끌고 싶어 하는 경우가 많습니다."

장애가 있는 오빠를 돌보던, 누구보다 착한 딸이 언제 저렇게 변해버린 것인지 희경 사모는 충격을 받고 우울감에 시달리고 있다. 남편은 자녀들 문제에는 눈을 감아버렸다. 아이들이 이렇게 어긋날수록 남편은 더 밖으로 사역에 몰입했다. '우리 가정의 아이들이 이렇게 신음하고 아파하는데 사역의 길에 올인 하는 게 과연 맞을까' 희경 사모는 가정과 사역의 괴리감으로 인해 고통받고 있다. 딸이 더 어긋나기 전에 전문가에게 상담을 받아보고 싶지만, 목회자의 딸이 비행 청소년이 되어 상담을 받고 다닌다는 소문이 날까 신경 쓰는 남편 때문에 머뭇거리고 있다.

지금이라도 남편이 사역을 줄이고 아내와 함께 방황하는 딸을 위해 진지한 대화를 나누고 가족을 위해 좀 더 많은 시간을 할애하는 것이 과연 잘못된 일일까 수없이 반문한다.

희경 사모의 말을 들으며 사랑 씨를 비롯한 많은 사모들이 크게 공감했다. 사실 사랑 씨를 비롯한 많은 사모들이 남편과의 대화에 목말라 있다. 어쩌면 고단한 사도의 길에서 유일한 위안은 남편의 격려일지도 모른다. 교회 안에서뿐만 아니라 교계 안에서조차 사모들의 내면을, 영혼을 점검해주고 돌아봐 줄 어떠한 장치도 마련이 되어 있지 않은 상황이다.

이런 사모에게 마음을 열고 대화할 수 있는 가장 가까운 존재는 남편이어야 맞다. 그러나 목회자인 남편은 교인들과 조금만 관련이 있어도 당연한 듯 교회와 교인들의 편에 서는 경우가 많다. 그래서 많은 사모들이 남편과의 대화에 목말라하면서도 그 대화 중에 깊은 상처를 받곤 한다. 사랑 씨는 여러 고민 속에 이런 글을 우연히 읽게 됐다.

> 김자영(2002)의 연구에 따르면, 결혼에 대한 만족이 높을수록 목회자 사모가 정체성을 잘 유지할 수 있다고 한다. 또한 김진아(2012)의 연구에서, 남편의 적극적인 지지와 격려로 높은 결혼 만족도를 가진 목회자의 아내는 사모로서의 길을 가는 데에도 만족을 느끼며, 목회자 아내가 소명의식을 갖느냐에 따라 역할에 대한 만족이 높은 것으로 밝혀졌다. 김영경(2007)의 연구에서는 목회자 사모가 자신에 대한 분명한 정체감을 가지고 사모로서의 소명을 이해하고 받아들이는 것이 매우 중요함을 강조하였다. 즉 목회자 사모의 역할 만족이 남편과의 만족스러운 결혼생활에 기인할 뿐 아니라 하나님 앞에서 사모로서의 삶의 목적을 분명히 할 때에 가능하다는 것을 시사해주고 있다.[23]

목회를 하는 남편들에게 진짜 사역이 무엇인지 돌아보

---

23 주희은, "결혼 만족도가 목회자 사모의 역할 스트레스 인식에 미치는 영향-영적 안녕감의 조절 효과", 2017.

라고 말하고 싶은 마음이 굴뚝같다. 그들이 힘쓰는 목회에 왜 늘 자신의 가정은 배제되어야 하는지 이제는 대답해야 할 때다.

사모의 암 보험금으로
구입한 교회 차량

"선생님, 결과가 나왔나요?"
"유방암 2기입니다. 자가 진단으로 알 수 있는 증상들이 있었을 텐데, 왜 지금까지 참으셨나요."

전라남도 광주에 사는 윤정 사모는 최근 유방암 판정을 받았다. 언제부터인가 가슴 한쪽 몽우리가 잡히는 것을 느낄 수 있었다. 너무 피곤해서 일시적으로 근육이 뭉쳤으리라 여겼다. 통증을 느끼기 전까지 말이다. 암이 발견된 위치가 안 좋은데, 다른 곳에 전이가 안 되어서 그나마 다행이라고 병원에서는 전했다. 지금은 방사선 치료를 비롯해 항암치료와 정기 검진을 이어가고 있다. 윤정 사모는 병원으로부터 자신이 유방암이라는 판정을 받았을 때 보험금부터 계산했다. 보험금으로 개척교회 차량이라도 마련하고 싶었기 때문이다. 자신의 건강보다 보험금이 절실했던 윤정 사모. 그녀의 50대 중반의 삶이 어떠했는지 짐작할 수 있는 대목이기도 하다.

윤정 사모는 청년부 시절 교회 전도사의 소개로 지금의 남편을 만났다. 윤정 사모의 꿈은 현모양처였다. 현숙한 아내로 자녀를 잘 양육하고 가정을 잘 꾸려가고 싶었다. 남편은 무역업을 하던 사람이었다. 결혼을 한 후 사업은 내리막길을 치달았다. 본의 아니게 휴직의 시간을 길게 가졌다. 남편은 그 휴직의 시간을 보내는 동안 교회에서 성경공부 훈련을 받으며 믿음을 지켜 나갔다. 그렇게 말씀에 빠져 있던 남편이 어느 날 신학을 하겠다고 자신의 의지를 내비쳤다. 윤정 사모는 남편이 몇 년 동안 성경공부로 삶이 변화되는 모습을 보면서 조금은 마음의 준비를 하고 있었다. 다시 사업할 의지가 없어 보였기 때문이다.

윤정 사모는 어린이집 교사로 일을 하면서 남편의 학비를 보탰다. 신학교 졸업과 동시에 잠깐의 파트 사역을 한 후 남편의 고향인 광주에 내려와서 개척을 시작했다.

개척을 시작하자 남편은 윤정 사모에게 밖에서 전도해 올 것을 권유했다. 10평 남짓한 작은 상가 건물 한 층을 얻어놓고 개척을 하는데 준비된 것은 아무것도 없었다. 친정이라도 경제적으로 여유가 있으면 좋으련만 친정도 하루하루 먹고살기에 급급한 처지였다. 거기에다 친정 식구들은 불교 신자들이었다. 친정 식구들은 윤정 사모가 학창 시절부터 친구 따라서 교회 다니는 것은 반대하지 않았지만 사위가 신학을 한다고 하면서부터 사위는 물론 윤정 사모까지 잃어버린 자식 취급했다.

시댁은 부유하지는 않았지만 소소하게 들어갈 돈들을 헌금해 오곤 했다. 시누이도 자신의 월급 일부를 선교비에 보태라며 보내오곤 했다. 하지만 윤정 사모는 개척한 교회를 위해 뭐 하나 내놓을 것이 없었다.

"여보, 당신이 시내 나가서 전도 좀 해야겠어."
"수호는 누가 보고요."
"수호는 당신이 데리고 다녀야지. 난 교회에서 기도하며 말씀 준비해야 하니까."

개척을 시작했을 때 어느 정도 각오는 했지만 이렇게 빨리 현실이 될 줄은 몰랐다. 두 돌이 안 된 아기를 업고 시내에 나가 전도지를 돌리기 시작했다. 그녀가 건네는 교회 홍보지는 길거리 사람들에게 밟히기 일쑤였고 손사래를 치며 거부당하는 일은 비일비재였다. 이따금 등에서 울고 있는 아기가 불쌍해서였는지 그 전도지를 겨우 받아가는 사람도 있었다. 이렇게 걸상인 취급을 받는 순간에도 자신이 교회를 위해 할 수 있는 것은 이렇게 몸으로 때우는 일밖에 없다고 생각했다. 그렇게 교회 개척한 지 2년이 좀 지났을까. 돌아보니 자신이 신용불량자가 되어 있었다. 어디비빌 언덕이 없는 개척교회는 그 교회 사역자들이 3년 못버텨서 신용불량자가 된다는 얘기가 풍문이 아니라 실제였다. 자신이 신용불량자라는 딱지가 생겼을 때 처음 가출을 시도했다.

고향 친구가 너무나 보고 싶었다. 그리고 그 친구에게 처음 자신의 마음을 쏟아내기 시작했다.

"얼굴이 왜 이 모양이니."

"요즘 입맛이 없네."

"나는 사모 감이 아닌데 이 길에 들어섰나 봐."

"사모 감이 뭐 따로 있니. 너처럼 내조 잘하는 사람이 또 어디에 있다고."

"그냥 요즘은 딱 죽고 싶어. 그 생각밖에 안 나는 것 같아."

"너 많이 지쳤구나. 네 남편은 뭐하고 널 이렇게 밖으로 돌게 하는지 모르겠다. 성경공부보다 아내부터 돌봐야 하는 것 아냐?"

"남편은 열심히 사역하고 있어. 내가 문제지. 난 사실 개척교회 사모 정말 감당이 안 된다. 이제 어떻게 살아야 할지 모르겠어."

친구 앞에서 이틀 반 동안 눈물 반 신세한탄 반을 쏟아내고 집으로 돌아왔다. 그리고 다시 전도지를 들고 교회 근방을 다니기 시작했다. 그녀의 눈물과 고통을 하나님이 돌아보셨던 것일까. 새 신자가 생기기 시작했다. 남편은 그 새 신자를 데리고 성경공부를 시켰다. 그런데 새 신자들이 남편과 성경공부를 하면 교회 성도로 정착하는 것이 아니라 교회에 뿌리내리지 못하고 떠나기 일쑤였다.

"여보, 성경공부 방식 좀 바꾸면 어때요?"
"아니, 그게 무슨 말이야?"
"저번에 전도해서 데리고 왔던 철호 엄마, 당신 성경공부 너무 어렵대요."
"성경공부 어렵다고 방식을 바꾸나. 철호 엄마가 마음이 굳어 있어서 그래. 그 마음부터 바꿀 생각을 해야지."
"그래도 초 신자인데 좀 더 쉽게 삶을 나눠가며 할 수는 없나요?"

"말씀이 뿌리 내리지 못했는데 무슨 삶을 나누나. 말씀으로 생각을 바로 잡아야 삶을 나눠도 깊이가 있는 것이지. 교회 정착 못한다고 본질을 흐리게 하면 안 된다고. 당신은 이런 거 신경 쓸 정신에 주말에 교회 탕비실 정리 좀 제대로 해놓으라고. 저번 주일에 보니까 너무 지저분하던데."

윤정 사모는 남편에게 더 큰 소리를 내고 한판 하고 싶었지만 그 마음을 꾹꾹 눌렀다. 남편은 원리 원칙주의자였고 사람들을 품기보다 말씀으로 훈계하는 것을 우선시했다. 그런 남편이 납득할 수 없었지만 윤정 사모는 이번에도 끝까지 고집하지 않았다. 윤정 사모는 늘 이런 식이다. 이런 윤정 사모의 마음 속 깊은 곳에는 열등감이 자리 잡고 있다.

요즘 젊은 사모들 중에는 의외로 믿음이 좋은 기업가나, 교수 혹은 목사의 딸들이 많다. 그런 집안 출신의 사모들은 남편이 개척을 하거나 교회 운영으로 어려울 때 친정에서 상당한 지원을 받아 남편에게 도움을 주었다는 이야기가 들려오곤 한다. 평범한 시골 공무원이셨던 아버지에게는 그런 기대를 전혀 할 수 없었던 윤정 사모는, 남들이 뭐라 하지 않는데도 뭔가 죄를 지은 듯한 위축감이 아킬레스 건처럼 늘 마음 한편에 자리 잡고 있다.

그래서 유방암 판정을 받고 난 후 보험금으로 교회 심방용 차량을 구입했다. 그 차를 구입할 때 반대하지 않는 남편에게 서운한 마음이 없지는 않았지만, 그렇게라도 자신이 개척교회를 하는 남편에게 도움을 줄 수 있어서 다행이라고 생각했다.

요즘 젊은 사모들 중에는 전문직에 종사하며 경제적으로 남편의 사역을 돕는 이들이 늘고 있다. 나이가 많은 선배 사모들은 영적으로 탁월한 능력으로 남편의 사역을 도왔다는 이야기를 종종 듣는다. 그런 사모들 사이에서 경제적으로나 영적으로나 특별하지 못한 자신이 한없이 작게만 느껴진다.

유학파 목사의 외도,
대학 중퇴인 사모가 원인?

지혜 사모의 남편은 독일에서 신학을 전공했다. 지혜 사모가 결혼할 무렵 시댁이나 친정 모두 경제적 상황이 좋은 상태는 아니었다. 하지만 남편은 지적으로 탁월했고 지적 욕구가 강한 사람이었다. 국내에서 신학을 전공한 후 유학으로 석·박사를 더 공부하고 싶어 했다. 다른 나라보다 신학생들에게 혜택이 많은 독일로 떠난 이유는 남편의 이런 지적 욕구들을 채울 수 있는 곳이라 믿었기 때문이다.

반면 지혜 사모는 남편처럼 지적인 욕구가 강한 사람은 아니다. 사람들과 어울려 다니며 얘기 나누고 노는 것을 좋아하는 사교성 많은 사람이었다. 실업계 고등학교를 졸업하고 당시 사귀던 남편의 조언에 따라 방송통신대에 진학했지만 결혼과 함께 공부를 마치지 못하고 중퇴했다.

남편은 독일에서 유학을 마치고 지인의 소개로 미국에서 잠시 이민 교회를 섬기다가 5년 전 시어머니가 섬기는 교회 부목사로 사역을 시작했다. 남편의 설교는 탁월했고 많은 성도들이 남편의 설교에 은혜를 받았다.

시어머니는 그런 남편을 누구보다도 자랑스러워했다. 성도들은 그 교회 권사로 있던 시어머니에게 매주일 아들 잘 키워서 좋겠다는 칭찬을 해오곤 했다. 그런 얘기를 들으면 시어머니는 늘 지혜 사모를 앉혀 놓고 이런 말을 했다.

"너처럼 가방끈 짧은 애가 어디서 우리 아들 같은 목사를 만나겠니. 목사라고 다 같은 목사가 아니야."

시어머니 눈에는 아들처럼 지적이지 못한 며느리가 늘 불만족스럽고 탐탁스럽지가 않았다. 사람들과 어울리고 대화하는 것을 너무나 좋아했던 지혜 사모였지만 어느새 말 수 없고 조용히 있는 듯 없는 듯 뒤에서 섬기는 전형적인 사모가 되어갔다. 지혜 사모의 말실수로 남편이나 시어머니에게 누를 끼치지 않을까 늘 긴장했다.

남편의 설교는 그 교회 안에서 점점 영향을 끼치기 시작했고 담임목사 설교보다 남편의 설교를 듣기 위해 예배 시간을 맞춰 오는 사람들이 생기기 시작했다. 자신의 설교가 성도들에게 은혜를 끼치고 있는 것을 알았던 남편은 어느 날 부산 한 시내에 교회 개척을 시작했다. 그 지역은 부산 여러 지역 중 가장 경제적으로 여유가 있는 동네였다. 시작은 상가 교회였지만 독일과 미국을 오가며 교회 건축 등을 살펴봤던 남편은 그 어느 공간보다 세련되게 그곳을 인테리어 하도록 지시했다.

남편은 '지성인들의 복음화'를 목회 철학으로 삼고 지적인 사람들을 목회 타깃으로 삼았다. 말씀 한 절에서 세 절을 가지고 1시간 반 이상 강해 설교를 진행해 나갔다. 성서 안에서의 역사적 지리적 배경은 물론이고 그 배경이 지금의 현 사회 가운데 어떤 배경 가운데 놓여 있는지 다양한 지적인 장들을 열어놓고 말씀을 전했다.

성도들은 50명 내외였지만 대부분 지역 사회 지도층 인사나 지식인층이었다. 마치 이 교회는 지식인들만 다니는 교회라는 자부심 아닌 자부심을 갖고 있을 정도였다. 성도들의 직업군도 의사, 변호사, 기업가 등 경제적으로나 사회적으로 영향력을 갖고 있는 사람들이었다.

시어머니는 교회 근처까지 이사를 와서 교회 권사로 궂은일을 마다하지 않고 섬기기 시작했다. 시어머니가 남편을 부르는 호칭은 "우리 목사님"이었다. 사람들과 대화 나누기 좋아했던 지혜 사고가 성도들의 대화에 잠시 낀 적이 있었다. 사모가 아니었다면 더 많이 수다를 떨며 이야기를 풀고 싶었지만 사모라는 입장이 있었기에 나름 참은 것이다. 그런데 어느 날 시어머니가 호출을 해왔다.

"얘, 너는 교회서 입 조심을 하지. 오 권사 앞에서 무슨 말을 한 거니?"
"아니, 무슨 말을 했다고 그러세요, 어머니?"
"너 못 배운 거 권사들이 다 눈치챈 모양이더라. 대학은 어디서 나왔냐고 묻던데, 내가 누누이 얘기하지 않았니. 권사들 앞에서 입 조심하라고."
"별 얘기 나눈 것 같지도 않은데, 거기서 왜 대학 얘기가 나와요 어머니?"
"그 사람들 '어' 하면 '아'까지 알아듣는 사람들이야. 너 별말 안 해도 네 수준이 다 드러나니까 더는 사람들하고 얘기할 생각 말아라. 너는 아무 말도 안 하는 것이 내조라고 생각하고 살아."

지성인들이 모인 교회 공간. 지혜 사모는 점점 이방인이 되어가는 기분이었다. 그러던 어느 날 웬 사내가 집에 들이닥쳐서 소란을 피웠다.
"여기 목사가 누구야? 목사 나와!"

"아니, 왜 그러세요. 누구신데 여기에 오서 그러세요?"
"당신 누구야, 당신이 목사야?"
"아니 누구신데 그러세요."
"목사가 교회나 지킬 것이지 왜 남의 여자랑 시내 외각까지 나가서 차를 마시고 싸돌아다녀? 제정신이야?"

6개월 전 새 신자로 등록한 강 집사 얘기인 도양이다. 강 집사도 유학파 출신이다. 운동선수를 만나 결혼한 후 국내에 정착을 했다. 강 집사의 남편은 운동 시즌에는 지방 훈련 등을 하며 집을 비우는 경우가 많았다.

언젠가 남편은 강 집사 집에 심방을 가서 처음으로 강 집사의 고민과 기도 제목 등을 들은 모양이다. 교회에서 이따금 상담도 해주곤 했는데 서로 대화가 잘 통했는지 점점 자주 만났던 것이다. 유학파 출신의 고학력 여 집사. 남편이 호감을 갖고 대화를 나눌 화제들이 많았던 것 같다. 강 집사도 운동만 아는 자신의 남편보다 지적인 욕구를 채워줄 수 있는 남편의 그 화술에 매력을 느꼈을지 모른다. 그렇게 외각까지 다니더 차를 마시러 다니다가 훈련에서 돌아온 남편에게 꼬리가 잡힌 것이다.

강 집사의 남편이 교회를 찾아왔을 때 그나마 평일이라서 일이 커지지 않고 넘어갈 수 있었다. 결국 강 집사는 교회를 떠났다. 지혜 집사는 남편에게 따지고 싶은 얘기가 너무나 많았는데 어이없게도 시어머니가 다시 지혜 사모를 책망했다.

"오죽 답답했으면 우리 목사님이 그 집사를 붙들고 얘기를 했겠니?"
"그럼 이 모든 게 제 잘못이란 말씀이세요"
"원인이 없다고는 할 수 없잖니. 수준이 안 맞는 애를 붙들고 얘기할 수도 없고. 무슨 어려움이 있어도 남자가 풀 데가 있어야지."

지혜 사모는 기가 막혔다. 그런데 시어머니만 그런 생각을 하는 건 아니었다. 소위 배운 사람들이 많이 모였다는 교회에는 의외로 시어머니 생각에 동조하는 이들이 꽤 있었다. 그게 뭐 그리 대단한 일이냐는 반응을 보이며 오히려 아내와 모든 것을 소통할 수 없는 외로운 목회자를 감싸고도는 분위기였다.

사랑 씨는 지혜 사모의 이야기를 들으며, 얼마 전 방송됐던 그녀의 남편 목사의 설교를 떠올렸다. 당시 사랑 씨도 그 목사의 풍성한 예화와 실증적인 설교에 무척이나 감동을 받았었다. 그런데 화려한 그의 설교 뒤에서 한없이 외로웠을 지혜 사모를 보니 그때의 감동이 허망하게 느껴졌다. 사모의 행복은 많은 부분 남편 목회자에게 달려 있다. 지혜 사모의 아픔은 '남편에게 존중받지 못하는 아내는 결코 교회 안에서 사랑받을 수 없다'는 사실을 뼈아프게 깨닫게 한다.

목회자는 목회를 위해 계속해서 자기 개발을 하는 것이 당연하고 사모는 그런 남편을 위해 자기 개발은 커녕, 평범한 한 남자의 아내로서 누려야 할 최소한의 안정감과 격려조차 받지 못하는 이런 현실이 당연할 걸까. 시간이 갈수록 지식이나 인간관계의 폭에서 현격한 차이가 나는 목회자와 사모는 절대 건강한 부부관계, 건강한 목회자 가정을 이룰 수 없다.

사모 스스로도 끊임없이 자기 개발을 하기 위해 노력해야 하지만 남편인 목회자가 먼저 사모인 아내의 영적인 성장과 교회 안에서의 원만한 인간관계 형성, 그리고 변함없는 남편의 신뢰와 사랑을 느낄 수 있도록 아내를 최우선으로 배려하고 소중하게 여기는 자세가 필요하다.

은퇴 사모, 노년을 함께 할
신앙공동체가 없다

경애 사모는 지나왔던 세월이 까마득하기만 하다. 사람들에게 신세 지는 것 싫어하고 자존심 강하던 경애 사모는 사모의 길에 들어선 순간 친구들이나 가족들과의 관계는 끊고 살았다. 1970년대 중반 서울 변두리 산동네에서 개척교회를 시작하면서 굶는 것이 일상이 된 삶을 살아야 했다. 알코올 중독자들과 일용직 노동자들이 많았던 그 동네는 집집마다 싸우는 소리가 끊이지 않았다. 남편이 늘 중재를 하고 나서곤 했는데 어느 날, 그 판자촌 무허가 땅에 누군가가 홧김에 불을 지르면서 판자 떼기로 엉성하게 지어진 교회도 함께 전소되고 말았다. 몇 년이 지나 곰팡이로 도배가 된 지하상가에서 교회를 다시 시작했을 때 찾아오는 사람들은 늘 굶주리고 가난한 사람들뿐이었다.

누군가가 쌀이나 김치라도 후원을 해오면 자신들은 먹지 못해도 교회를 찾아오던 그 가난한 이웃들의 배는 채워

줘야 한다고 생각했기에 부지런히 밥을 해서 나르곤 했다.

　재개발이 진행되기 시작했고 그 보상금으로 교통이 좀 더 수월한 시내 쪽으로 나와 교회를 다시 시작했다. 그때부터 시간이 날 때마다 남편과 함께 기도원을 찾아 나섰다. 시간이 날 때마다 전도지를 돌리며 예수 천당을 전하고 다녔다. 자연스럽게 아이들은 집에 방치한 채 양육할 수밖에 없었다.

　교회는 점점 부흥했다. 남편과 함께 교회의 부흥을 보는 것은 전율을 느낄 만큼이나 기쁘고 감사한 기억이다. 하지만 산동네 개척교회 때의는 또 다른 차원의 어려움이 있었다. 산동네에서 개척교회를 할 때는 성도들과 지지고 볶고 하면서도 가족 공동체와 같은 끈끈한 분위기가 있었다. 그래서 먹을 것을 내어주어도 아깝지 않고 기꺼이 섬길 수 있었는지 모른다.

　그런데 큰 교회 성도들은 사모가 그저 그들의 그림자가 되어주기를 원했다. 사모가 교회 안에서 사역에 관해 어떤 발언을 하거나 어떤 의견을 피력한다는 것은 있을 수도 없었다. 교회가 커가면서 장로들과 권사들의 입김은 점점 더 강해져 갔고 상대적으로 사모가 설 자리는 더욱 좁아져갔다.

교회는 그리스도의 몸이라고 배우고 가르쳐 왔지만 그 몸에서 소외된 존재가 바로 사모라는 자리였다. 안타깝게도 그녀뿐만 아니라 자신의 아이들도 설 곳이 없어 보였다. 사모가 다 채우지 못한 그 자리는 목회자의 자녀가 그 봉사를 대신 감당해야 했다. 경애 사모의 두 자녀도 중 고등학교 시절부터 교회 집사들 아기들을 돌봐줘야 했다. 아니 초등학교 시절부터 집사들과 권사들의 손과 발이 되어 잔심부름 등을 해야 했다. 아이들은 부모가 다니는 교회를 벗어나고 싶어 했지만 중직자들의 입장에서 담임목회자 자녀가 다른 교회에 다닌다는 것은 있을 수 없는 일이었다.

사실 자녀들만큼은 교회 학교가 더 체계적인 교회에서 양육하고 싶은 마음도 있었다. 그러나 그것은 바람일 뿐 현실에서는 이뤄지기 어려웠다.

아이들도 청년부 모임에 나가서도 부모에 대한 고민, 가정에 대한 이야기 등 자신들의 속내를 쏟아내지 못하는 모양이었다. 당연히 담임목회자의 자녀는 공동체 안에서 겉돌 수밖에 없는 구조였다.

아이들을 거의 방목하다시피 키웠는데 커서까지 담임목회자의 자녀라는 꼬리표를 붙여서 자유롭게 날지 못하게 한 것에 대해 늘 죄책감이 들었다.

남편은 그렇게 자식처럼 애지중지 하게 섬기던 교회 은퇴를 앞당길 것을 교회에 제안했다. 교회 성장을 위해 자신보다 젊은 2대 목회자를 청빙 하는 것이 맞다고 여긴 것이다. 담임목사 임기보다 5년이나 빠르게 은퇴를 했다. 원로목사나 그런 직분으로도 교회에 남지 않는다는 조건까지 내걸었다.

그렇게 피땀 흘려 교회를 개척하고 섬기던 지난 시간들… 자신의 젊음과 중년의 시간을 다 쏟아부으며 살았던 그 시간들이 주마등처럼 지나갔다. 교회를 떠나던 날 무척이나 많은 눈물을 흘렸다. 감사함과 아쉬움 등의 감정이 뒤범벅이 되었던 것이다. 그런데 시간이 갈수록 자신이 끈이 떨어진 연처럼 느껴지는 것은 부인할 수 없는 사실이다. 하나님의 공동체를 건강하게 그리고 든든하게 세우기 위해 누구보다 애쓰며 살았는데 자신만큼은 속할 공동체가 예나 지금이나 존재하지 않는다.

주일마다 갔던 교회마저 없어지니 어느 교회에 나가야 할지, 예배는 어디서 드려야 할지도 고민스럽다. 이렇게 막막할 줄 알았다면 남편이 은퇴를 앞당겼을 때 막아섰어야 했나 하는 마음도 들기 시작했다. 원로 목사로라도 남아서 교회를 지키는 것이 더 나았을 것 같다는 마음도 들었다. 대쪽 같고 청빈한 성격의 남편이 요즘 부쩍 불편한 이유이

기도 하다.

    경애 사모가 목숨을 다해 하나님의 집을 섬기면서 바랐던 것은 큰 부자도 큰 명예도 아니었다. 하나님의 사람들과 믿음의 교제를 깊이 나누며 한 몸을 이루고 싶었을 뿐이었다. 수많은 일을 했지만 마음 한 자락 나눌 성도 한 명이 없다. 교회 사역마저 내려놓고 나니 그 외로움이 더욱 커져가고 있다. 경애 사모의 교회는 교계에서 영향력이 있게 사역한 교회로 알려져 있다. 경애 사모의 남편은 목회자들 사이에서 멘토와도 같은 존재였다. 사랑 씨도 남편을 통해 이 교회에 관한 이야기를 오래전부터 들어왔는데 경애 사모의 이야기를 들으니 사모들은 은퇴 후에도 외로운 길을 가야 하나라는 생각에 마음이 무겁다.

    홍수가 나면 물은 많지만 마실 물이 없는 것처럼 사모들에게도 교회 공동체는 점점 늘어나지만 그들이 함께 할 공동체는 보이지 않는다. 그리스도가 머리가 된 공동체, 그 은혜가 이제 사모들의 삶에도 흘러와야 할 때다.

행복한 사모, 가정과 교회를 살린다

chap4

'사모 다움'이 아니라
'나 다움'이 성경적이다

"여보, 이번 주 교회 주보 너무 괜찮은데요?"
"당신 보기에도 그렇지? 그래서 교회 소개 책자도 새로 제작해 놨어. 교회에 가면 한 번 살펴보라고."
"대충 한 디자인이 아닌데요? 전문가한테 맡겼어요?"
"강원도 춘천에 계신 교회 사모님이신데 편집 디자인에 남다른 감각이 있으시더라고."
"그분은 어떻게 알고…."
"가을 사경회도 그렇고 추수감사 주일도 그렇고 플래카드 디자인 맡길 사람 좀 찾다가 정 목사 통해 소개받았지."

사랑 씨는 최근에 바뀐 교회 주보 디자인이 너무나 마음에 들었다. 교회 주보 디자인뿐만 아니라 교회 소개 책자도 세련되고 안정감 있는 포맷으로 정돈이 되어 있었다. 같은 내용인데 책자 디자인에 따라 눈길이 가기도 하고 그렇지 않기도 한 것을 처음으로 알았다. 그래서 기업들이 상품 디자인에 신경을 쓰는구나 싶기도 했다.

내년에는 교회 10주년으로 인해 많은 행사들이 열릴 예정이다. 이로 인해 다양한 인쇄물들이 준비되어야 할 것 같아서 남편과 함께 그 사모님을 만나러 강원도 춘천으로 내려가 봤다. 3백여 명이 모이는 교회에서 부목사로 사역하는 목회자의 아내였다. 장희주 사모에 대한 이야기를 지금부터 해보고자 한다.

희주 사모의 남편은 7년 전 이 교회에 부임해서 왔다. 지금은 작은 단독 건물이라도 있지만 그 당시만 해도 40여 평 상가교회에 불과했다. 담임목회자와 대학 시절 선후배 사이였던 그녀의 남편은 교회 개척 동역자로 합류했다. 담임목회자는 서울에 있는 대형교회에서 사역하다가 그 교회에서 분리 개척을 해줘서 이곳에 개척을 시작했다.

이 교회 담임목회자의 철학이 사모도 은사를 따라 교회를 섬기는 것이다. 교회 중직자들과 처음부터 이 부분을 못 박고 사모들의 의견을 조율해 나가기 시작했다. 아무리 작은 교회라고 하더라고 손이 필요한 곳마다 사모들이 이곳저곳 땜빵식으로 일을 시키는 것은 담임목회자가 반대했다.

희주 사모는 평소 편집 디자인에 관심이 있었다. 교회가 작다 보니 편집과 관련한 사역들은 보이지가 않았다. 그럼에도 남편은 아내의 이런 관심을 교회에 전했고 교회에서는 작은 회지를 펴내기 시작했다. 담임목회자 칼럼을 비롯해 성도들의 근황과 기도 제목, 선교사들의 소식 등이 담긴 30쪽 내외의 소식지였다.

희주 사모는 서툴게 편집 디자인을 해나가기 시작했다. 교회 소식지는 기본 포맷만 잡으면 텍스트 올리는 것은 그렇게 어려운 일은 아니었다. 하지만 편집 툴이 익숙해지기까지 수많은 시간을 쏟아야 했다. 가사 일과 병행하며 교회 봉사를 하는데 몸은 피곤해도 마음은 그렇지가 않았다. 머릿속에서는 계속 새로운 편집 디자인에 대한 아이디어가 돌아가기 시작했고 다양한 색상들을 실험해 보기도 했다.

시간이 되면 서점에 나가서 잡지류를 훑어보고 베스트셀러로 나온 책들의 표지와 내지 디자인까지 살펴보기 시작했다. 교회 홍보물에도 디자인적인 감각이 필요할 것 같아서 기업 홍보물과 사보들을 살펴보거나 NGO단체들의 다양한 홍보물들을 살펴보기도 했다.

희주 사모가 처음 교회 회지 편집을 했을 때 교회 성도들은 "우리 사모님이 제작한 거"라고 좋아해 주었다. 회지가 나올 때마다 교회 성도들은 표지 디자인과 색깔 등을 보고 희주 사모에게 격려와 칭찬을 아끼지 않았다. 특히 담임목회자와 교회의 지원은 남달랐다. 희주 사모가 인디자인, 일러스트, 포토샵 등을 배우고 싶다고 했을 때 교회는 적극적으로 지원을 해주었다.

교회의 모든 발행물은 희주 사모가 감당했다. 교회는 희주 사모가 이렇게 편집해야 할 것들이 늘자 교회 봉사가 아닌 사역자로 여기며 사례비도 지급하기 시작했다.

지금은 교회 청년 2명과 함께 '디자인톡'이라는 이름으로 편집디자인 사무실을 운영하고 있다. 희주 사모 직함은 실장이다. 희주 사모의 감각은 이미 소문이 나서 강원도 지역 대부분의 교회에서 편집 제작물들을 감당하고 있다.

희주 사모가 자신의 은사에 따라 사역하지 않고 교회에서 요구하는 잡무에만 시달렸다면 이러한 열매들을 얻을 수 없었을 것이다. 희주 사모의 은사가 발휘되자 가장 많이 유익을 얻은 곳은 교회였다. 그 교회는 희주 사모 덕분에 가성비 좋은 가격에 가장 좋은 디자인 편집물을 얻을 수 있었기 때문이다.

희주 사모가 이렇게 은사에 따라 사역을 하니 교인들도 희주 사모를 대하는 태도가 남다르다. 자신의 은사를 발휘할 수 있을 뿐단 아니라 성도들로부터 존중과 격려를 받으니 교회가 남편의 사역지가 아닌 자신의 사역지처럼 여겨지기 시작했다.

희주 사모는 과거 남편이 사역하던 교회에서는 사모의 틀에 갇혀 살았다. 식당 봉사와 유아부 교사 등 주일마다 일손이 필요한 곳에 뛰어다니기 바빴다. 희주 사모는 이곳에서 자신의 은사로 교회를 섬기면서부터 '사모 다움'보다 '나 다움'을 발견할 수 있어서 기쁘다고 전한다.

사랑 씨는 희주 사모의 이야기를 들으며 내심 부러웠다. 사모의 자리를 이렇게 기쁘게 감당할 수 있다는 사실에 놀라웠다. 자신의 은사에 따라 사역하는 사모를 이렇게 가까이 만날 수 있다는 사실에 감사했고 그렇게 지내지 못하는 수많은 사모들과 교회들에 대해 안타까운 마음이 들기도 했다.

사모들이 은사에 따라 교회서 사역할 수 있도록, 그 자리와 분명한 직임이 필요한 이유가 여기에 있다. 교회 크기와는 상관이 없다. 아니 오히려 교회가 개척 때부터 이런 철학 가운데 사모가 동역한다면 그 열매는 곧 교회의 열매가 될 것이다.

앞으로 20-30년이 흐르는 동안 기독교의 전통적인 사역관 즉 도회관은 많은 변화를 거칠 수밖에 없다. 병원 목회, 형무소 목회, 노인 목회, 복지 형태 목회, 영성 수련 목회, 상담 및 치유 목회, 특수 교육 목회, 선교사들을 위한 돌봄의 목회 등 보다 다양한 형태의 목회가 자리 잡을 것이다. 그러나 여기서 깊이 생각해야 할 것은 사모가 되기 전에, 혹은 되고 난 이후에 사모가 사회인으로서 가졌던 전문적 지식이나 활동을 교회가 그대로 수용하고, 사모로 하여금 사회와 문화를 향해 한 개인으로서 공헌하도록 돕고 격려해야 한다는 점이다. 이것은 바로 사모가 자신의 자질을 살려 하나님 나라를 확장하는 일에 공헌하도록 하는 일이다. 이것은 고역자의 자녀들로 하여금 '우리 엄마도 멋진 사회 및 국가 공헌자'라는 느낌을 갖고 자신의 어머니를 존경하고 자랑스럽게 여기도록 하는 지름길이다.[24]

그러기 위해 담임목회자의 목회 철학과 중직자들의 열린 마음은 필수다. 수많은 교회들이 희주 사모처럼 자신의 은사에 따라 교회 사역자로서의 길을 찾아야만 한다.

---

24 안석모, "사모의 자질과 하나님 나라", 서울신대

회복 키워드 하나,
서번트 리더십

사모는 역할에 대한 상실감이 있다. 건강한 정체성은 존재로서의 정체성과 역할로서의 정체성이 균형 있는 조화를 이루어야 한다. 그런데 심층 인터뷰에 참여한 세 명의 사모들은 나름대로 사역을 열심히 하는데도 교인들은 사모들의 영적 권위dignity를 인정하지 않는다고 호소한다. 즉 권위에 대한 상실은 역할에 대한 상실이기도 하다. 상실에 대한 정의를 케니스 미첼과 허버트 앤더슨Kenneth R. Mitchell and Herbert Anderson은 물질적 상실, 관계의 상실, 심리 내적 상실, 기능적 상실, 역할의 상실, 사회 조직의 상실 등 6가지[25] 형태로 설명하고 있는데 그 중에 역할의 상실로 인해

---

25 Kenneth R. Mitchell and Herbert Anderson, All Our Losses, All Our Griefs (Philadelphia: The Westminster Press, 1983), 18-19, quoto 김동영, "상실과 애도 그리고 돌봄에 대한 이해," 신학논단 79 (2015): 125-59.

사모들은 교회라는 공동체 안에서 역할이나 지위를 잃어버렸다. 그로 인해 사모들은 자기의식이라는 주체를 나타내는 정체성도 함께 흔들리게 된다.

심층면담을 한 사모들은 가장 힘든 일이 교인들과의 관계라고 답했다. 교인들의 근거 없는 소문, 무시하는 태도나 언행 등을 통해 사모들은 영적 권위 spiritual dignity 를 상실하는 경험을 하게 된다고 호소한다. 캐럴 길리건의 보살핌의 윤리에 따르면 여성들은 다른 사람들의 요구에 깊은 관심을 가지며 보살핌의 의무를 기꺼이 짊어지려는 특성이 있다고 한다.[26] 하지만 심층면담을 통해 나타난 사모들의 특성에서 보면 여성의 특징인 보살핌의 윤리에 근거로 교인들과 돌봄이나 친밀감의 관계형성이 유지되는 것이 아니었다. 사모라는 역할 때문에 마지못해 관계를 유지해야 한다는 강박감으로 인해 사모에게는 관계 형성이 짐이거나 자신이 지고 가야 하는 십자가처럼 여겨지는 느낌을 받았다.

영적 권위는 리더십과 연결된다. 그들은 리더로서 인정

---

26 Carol Gilligan, 다른 목소리로, 64.

을 못 받고 있다고 단정한다. 여기서 말하는 리더십이란 예수 그리스도의 서번트 리더십servant leadership이다. 서번트 리더십의 개념은 로버트 그린리프Robert K. Greenleaf가 그의 저서에서 처음 제시했다.[27] 그의 저서에는 서번트 리더십의 개념이 예수에게서 유래하였다는 것을 밝히진 않았지만 그 개념은 예수의 리더십과 밀접하게 연관되어 있다. 예수 그리스도는 이 세상에 종의 모습으로 오셨고 죽기까지 순종하며 그의 사명을 다 하셨다. 예수님은 "인자가 온 것은 섬김을 받으려 함이 아니라 도리어 섬기려 한다"(막 11:45, 상)고 선언하셨고 빌립보서에는 이 세상에서의 예수 그리스도의 삶을 "오히려 자기를 비워 종의 형체를 가지사 사람들과 같이 되셨고 사람의 모양으로 나타나사 자기를 낮추시고 죽기까지 복종하셨으니 곧 십자가에 죽으심이라(빌 2:7-8)"라고 요약하였다. 이것은 예수 그리스도가 서번트로 오셨고 죽기까지 서번트로 삶을 마감하신 것을 말하고 있다.[28] '그린리프 서번트 리더십 센터Greenleaf Center for

---

27 Don M. Frick and Larry C. Spears, On Becoming a Servant Leader: The Private Writings of Robert K. Greenleaf (San Francisco: Jossey-Bass Publishers, 1996), cited in 정충영, "왜 서번트 리더십인가?-예수의 리더십을 중심으로" 로고스경영연구 4, no. 2 (2006), 1-23.

Servant Leadership'의 연구소장이기도 한 로버트 그린리프는 서번트 리더십을 "타인의 섬김에 초점을 맞추고 종업원·고객·커뮤니티를 우선으로 여기고 그들의 욕구를 만족시키기 위해 헌신하는 리더십"으로 정의한다.[29]

이와 같은 서번트 리더십은 사모뿐 아니라 목회자에게도 요구되는 현실이다. 목사중심의 목회에서는 서번트 리더십과 대립되는 개념으로 헤드십Headship이 있는데 담임목사 중심의 대부분의 한국교회가 이에 속한다.[30] 앞서 지적한 대로 목사 중심의 교회에서 벗어나려면 헤드십에서 서번트 리더십으로 나아가야 한다.

또한 그린리프는 헤드십과 상반된 개념의 서번트 리더십을 실천하는 가이드라인을 다음과 같이 제시했다.

나는 모범을 보임으로써 성도들을 이끈다.

---

28 정충영, "왜 서번트 리더십인가?-예수의 리더십을 중심으로" 로고스경영연구 4, no. 2 (2006), 2

29 Ibid., 6

30 Ibid., 헤드십(Headship)이란 서번트 리더십이 조직 구성원들의 자발적인 참여를 중시하는 것과는 달리 공식적인 지위에 부여된 권한을 사용하여 조직구성원들을 이끌어 가는 방식의 리더십이다.

나는 성도들에게 기대하는 행동을 먼저 솔선수범하여 실천한다.

나는 성도들과 함께 일한다.

나는 나 자신의 한계와 실수를 인정한다.

나는 성도들에 대한 책임감을 느낀다.

나는 성도들로부터 배우려는 자세가 되어 있다.

나는 성도들을 평가하기 이전에 나 자신에 대해 정직하게 평가한다.

나는 성도들의 비판과 도전을 잘 받아들인다.

나는 성도들과의 좋은 관계를 통해 영향력을 행사한다.

나는 나 자신보다는 성도들의 욕구를 충족시켜 준다.

나는 성도들이 잠재력을 개발할 수 있도록 도와준다.

나는 성도들에게 도움을 주기 위해서 나의 권위를 사용한다.

나는 성도들이 전문적으로 성장할 수 있도록 후원자 관계를 만들어 준다.

나는 성도들의 학습을 격려하는 환경을 조성한다.

나는 격려와 긍정적 태도를 통해 성도들을 성장시킨다.

나는 공동체와 소그룹 활동을 장려한다.

나는 성도들이 서로 경쟁하기보다는 함께 일하도록 장려한다.

나는 성도 간의 정보 공유와 원활한 커뮤니케이션을 장려한다.

나는 성도들이 목표를 달성하는데 필요한 자원과 지원을 제공한다.

회복 키워드 둘,
틀을 깨고 주체성 회복으로

 서번트 리더십의 영적 권위를 회복하기 위해서는 사모의 재능과 은사가 제대로 교회 내에서 사용되고 있는지 스스로 점검해 보아야 한다. 교회마다 목사 사모에게 부여된 역할이 있다. 심층면담을 한 세 명의 사모들의 사역도 각각 다르다. 세 명의 참여자 사모 중의 어느 사모는 교역자 회의에 함께 참석하여 교회의 행정적인 일에 관심을 갖는다. 또 다른 참여자 사모는 교회의 사역 중에 가르치는 사역에 주력한다. 또 다른 참여자 사모는 피아노 반주와 주방 사역에 관심을 둔다.
 이렇게 다양한 사모의 관심과 은사를 교회 안에서 어떻게 살려나갈 수 있을까. 어떻게 하면 사모들이 자신의 은사를 발휘하며 리더십을 인정받아 영적 권위를 회복할 수 있을까. 아울러 상실감에서 벗어나 사모의 정체성을 회복할 수 있을까.

먼저 위에서 지적한 대로 사모의 적성에 맞는 은사나 소명이 무엇인지를 깨닫고 나면 이에 대한 필요한 교육이나 훈련을 받는 것도 필요하다. 그런 후에 남편 목사와 상의를 거쳐 공동체의 동의를 얻어 사역하는 것이 절차라고 본다. 사모의 역할에 대한 고정관념을 가진 교인들은 사모가 행정적인 일에 관여하는 것을 인정하지 않기 때문에 영적 권위를 인정하지 않을 수도 있다. 또 교인들은 사모가 가르치는 사역을 할 만큼 전문지식을 갖추지 않았다고 생각하기 때문에 영적 권위를 인정하지 않을 수도 있다.

그러므로 사모 사역의 범위를 교인들과 함께 상의해서 합의된 사역을 사모가 진행하면 교인들과의 마찰이나 영적 권위에 대한 상실감에서 벗어날 수 있다고 생각한다. 즉 사모와 목사와 교회 간에 사모의 역할에 대하여, 또 교회가 바라는 사모의 역할에 대하여 의논이 있어야 한다. 즉 대화를 통해서 목사가 생각하는 사모의 역할과 사모가 원하는 역할, 그리고 교회가 기대하는 역할들이 서로 조정되어야 한다.

교회마다 목사와 함께 하는 교회 리더 그룹들이 있다. 예를 들면, 미국 LA에 있는 한 감리교회에는 목회협조위원회가 있어서 위원회에서 사모들의 역할에 대해 서로 조정하며 범위를 정한다. 그런 절차가 진행되면 사모가 사역하는 것도 자유롭고 교인들의 고정관념도 없어질 것이다.

또한 사모들의 상실감은 역할의 상실뿐이 아니라 여러 가지의 상실과도 연결된다. 먼저 남편의 상실이다. 심층면담의 결과를 분석해 보면, 그들의 사용하는 단어에서 '내 남편'이라는 호칭은 없고, 거의 모든 경우 '우리 목사님'이라는 호칭으로 남편을 부른다. 결국 부부 사이의 관계보다 하나님의 사역자라는 이미지로, 남편 이전에 목사라는 개념으로 남편을 이해하기 때문에 남편에 대한 상실감을 발견할 수 있다.

자녀의 교육도 대부분 사모 몫이다. 이삿짐을 정리하거나 집안 가구를 배치할 때도 아내인 사모 몫이다. 가정의 일은 사모들이 모두 해결해야 된다는 생각이다. 〈고순옥/60대〉은 자녀들이 성장하고 나서 자신들이 필요할 때 아빠가 없었다고 이야기했다고 한다. 아빠가 없었다는 것은 육신적으론 있었는데도 모든 생각이 다 목회에 집중되었었기 때문에 아빠가 곁에 있어도 없다고 느꼈다는 것이다. 남편이자 아버지 영역의 상실이다.

다음은 주체성 상실이다. 즉, '나의 나됨'을 나타내는 자기의식이 필요하다. 교인들은 사모를 한 인간^{human}으로서 여성의 정체성을 가지고 보는 것이 아니라 사모라는 역할로 혹은 목사의 아내라는 부수적인 존재로 인식하기 때문에 사모에게 긴장을 준다.

사모들도 자신만을 위한 여가시간이 있어야 한다. 사모는 늘 목사의 뒷일을 감당해야 하며 교인들의 요구나 필요에 따라 활동해야 한다는 인식이 있기 때문에 사모의 취미 생활이 쉽지 않은 실정이다. 또한 교인들의 고정관념도 사모는 교회에서 기도하고 교회 주방에서 섬기는 역할 정도의 유교적 가부장제 문화로 이미 내재화하고 있다. 그로 인해 교회와 가정에 대한 희생에 대해 익숙해져 있는 사모들이 대부분이다.

더군다나 자신을 위해 시간과 물질을 투자하려는 생각을 사치라고 여기는 사모도 있다. 늘 헌신하고 희생하는 현모양처의 사모상을 사모 스스로도 내재화하기 때문이다. 이런 사모들의 의식에 대해 발레리 세이빙 Valerie Saiving 은 이렇게 경고한다.

> 여성이 온전한 인간으로 존재하기 위해서는 자기를 내어주는 순간과 시간, 날들이 자기 자신에게로 돌아와서 자기를 성장시키는 순간과 시간, 날들과 균형을 이루어야 한다 여성은 자기 자신을 너무 많이 내어 줌으로써

그녀 자신의 독특성을 완전히 상실하게 된다. 따라서 그녀는 그녀 자신에 대해, 동료 인간에 대해, 혹은 아마도 하나님에 대해서조차 가치가 없는 텅 빈, 거의 제로 상태로 될 수 있다.[31]

그러므로 사모들은 자신만의 여가와 공간의 필요성을 깨달아야 한다. 하지만 사모의 주체성 상실의 문제는 사모 개인의 문제로만 해결될 수 없으며 우리 사회에서 내재된 고정된 자아개념, 성차별주의 등에 의한 불균형한 억압과 차별의 구조에 대한 각성이 필요한 때이며 사모뿐 아니라 사회 구성원, 교회 구성원, 남편과 가정 등 우리 모두에게 변혁이 일어나야 할 때이다.

다음은 교회의 일을 하나님의 일이라고 보는 견해이다. 사모들의 심층면담 분석 결과 사모도 목사의 의식과 마찬가지였다. 이는 분명히 잘못된 의식이다. 교회의 일과 하나님 일과의 분리가 사모들은 이루어지지 않고 있다. 목사와

---

31 Valerie Saving Goldstein, "The Human Situation: A Feminine View," Journal of Religion (April 1960):108, cited in 김필진, "여성의 전인치유를 위한 여성주의 목회상담," 목회와 상담 8 (2006): 67.

사모가 늘 교회 우선의 선택을 하므로 가정의 자녀들은 희생되고 있다.

예를 들면 〈고순옥/60대〉은 심방 다닐 때마다 두 자녀를 데리고 다녔기 때문에 자녀들이 걸어서 집에 들어간 적이 별로 없이 대부분 안고 들어갔다고 한다. 학교 끝나면 차 안에서 숙제하고, 차 안에서 먹고, 심방 갔다가 저녁때 집에 온 가족이 함께 왔다. 새벽예배도 자녀들을 동반해서 자녀들이 교회 본당에서 잠을 자는 생활의 반복이었다.

결과적으로 자녀들에게 엄청난 희생을 강요한 결과이다. 온 가족이 목회를 하는 결과가 된다. 목회자의 목회철학에 따라 차이가 있겠지만 교회와 가정은 반드시 분리되어야 하며 가정의 일이 결코 교회의 일보다 차선이라고 생각하는 고정관념도 시정되어야 한다.

하나님의 일은 교회에만 국한되지 않는다. 가족과 자신을 챙기는 일도 하나님의 일이라고 생각한다. 이런 의식은 한국교회의 70-80년대 성장기 목사들의 메시지의 영향이다. 그 당시 목사들은 교회 일을 우선적으로 하면 하나님이 모든 일을 책임져 주신다고 강조했다. 바로 "그런즉 너희는 먼저 그의 나라와 그의 의를 구하라 그리하면 이 모든 것을 너희에게 더하시리라"(마 6:33)는 말씀을 중심으로 교회 일이 하나님의 일이라는 것을 강조하는 설교에 집중했다.

  많은 사모들이 오랜 교회 생활을 통해서 자신들이 체득한 경험을 바탕으로 하나님의 일에 대한 잘못된 인식을 갖고 있다. 대부분 교회들은 하나님의 일이라는 명목 아래 교인들을 교회 일꾼으로 쓰려는 경향이 있다. 이와 같은 시각은 목사와 사모의 목회철학과 신학적인 변화를 통해 재정립되어야 하는 부분이다.

  교회는 엄밀히 말하면 건물이 아니다. 유물론적 사고가 기독교내에서도 무비판적으로 받아들여지고 있는 결과가 교회 건물에 대한 교회의 개념이다. 그래서 늘 사모는 교회당에서 많은 기도를 해야 하며 교회에 여러 가지 사역을 해야만 '믿음이 좋은 사모'로서 인정을 받는다. 교회 밖에서 사모가 노숙자 돕기나 양로병원 사역들을 하면 교인들은 사모의 개인적인 사생활의 일로 연결 지으려는 경향이 있다. 반드시 본 교회에서 사역하는 것만 사역으로 인정하려는 경향이 교회 공동체의 대표적인 모순 중의 하나다.

  또한 모이는 인원수에 따라 교회의 가치를 판단하는 것도 잘못된 목회철학이다. 목회자 모임에 참석하면, 사역하는 교회 규모를 서로 묻곤 하는 것을 흔히 볼 수 있다. 하지만 숫자와 건물 등은 사실 우리의 믿음과 별로 관계가 없다. 그런데도 교인들, 목회자, 사모들은 하나님의 일을 한다는 착각 속에 엄청난 행사와 사역들을 벌인다 그렇게 교인들을 교회 건물에 묶어둠으로써 교회가 성장한다고 믿는 목회자들이 많다. 이와 같은 왜곡된 목회철학이나 신학관은 목사나 사모뿐 아니라 교인들에게도 많은 부정적 영향력을 줄 수 있다.

연구 참여자 사모들은 자신들이 겪고 있는 문제들을 신앙과 결부시켜 자신의 잘못이라고 생각하는 경향이 있다. 예를 들어, 참여자 사도들의 의식을 보면 기도로 모든 문제를 해결해야 한다는 생각들이 지배적이다.

그래서 교인들과의 갈등 문제 해결이 어려워지면 자신의 기도가 부족하다고 인식한다. 또한 힘들게 하는 교인들에 대한 인식도 하나님의 뜻이기 때문에 더 열심히 기도해야 하며 기도가 부족해서 생기는 일이라고 생각한다. 갈등의 원인을 객관적으로 파악하고 필요한 조치를 찾는 노력은 완전히 배제한 채 모든 문제를 기도로만 해결해야 한다는 사고이다. 기도의 중요성을 부인하는 것이 아니라, 기도의 문제로 극한함으로써 더 배우고 훈련할 수 있는 갈등 해소법을 배우지 못하는 것이 문제라는 것이다.

사모들은 더 희생하고 더 섬기며 돌봄의 역할에 충실하지 못한 것도 기도 부족으로 생각한다. 이에 대한 결과로 〈김가람/40대〉은 세상의 것들을 세속화하고 하나님의 영역 안에서만 생활해야 한다는 생각이 지배적이다. 교인들과의 관계에서 때로는 힘들다는 생각도 들지만, 사모는 잘 섬기고, 대접하고, 품어야 한다는 분명한 자기 인식을 가지고 있어서 견딜 수 있었다.

그러나 그와 같은 자기 인식은 점점 더 강화되어서 사모들의 신앙생활로 나타난다. 즉 사모들의 사역이나 삶이 힘든 건 하나님과의 관계가 멀어졌다는 사인이기 때문에 더 신앙생활에 치중한다고 한다. 자기만의 시간이 필요할 때는 하나님과의 교제를 위해서만 필요하다고 생각하기 때문에 다른 여가생활을 하고 싶은 생각은 없다고 한다. 늘 자신에게 주어진 시간에는 말씀과 기도에 할애해야 한다는 고정관념이 있다.

그러므로 자신에게 말씀과 기도시간이 늘 부족하다고 자책한다. '항상 더 깨어서 기도하고 말씀을 봐야 한다'는 강박관념으로 늘 초조하고 긴장된 상태를 지속한다. 노력해도 하루 종일 기도하고 말씀을 보는 것은 쉽지 않다. 자유함 속에서 하나님과 교제하는 풍성함을 사모들이 경험해야 한다.

하지만 사모는 늘 말씀과 기도에만 전념해야 한다는 강박관념을 가지고 있기 때문에 본인에 대한 만족감이 없다.

본인이 숫자 10에서 1르 볼 때 만족도는 5라고 평가절하하는 것도 삶에서 자신에게 요구되는 영적인 기준이 높기 때문이다.

그래서 서로 생각과 가치관이 다른 교인과의 관계가 어려워진 이유가 말씀과 멀어졌기 때문이라고 생각하고 자책하는 경우를 의외로 자주 보게 된다.

말씀에 순종하는 삶이 최고의 삶의 목표가 되며, 하나님 말씀을 최우선으로 두고 사는 삶은 매우 귀한 삶이다. 하지만 너무 바쁜 삶을 살면서 자신의 기대치보다 말씀을 못 보고 있다는 자책감은 정체성에 부정적 영향을 준다. 하나님은 말씀 속에서만 계시지 않고 무소부재하셔서 자연 속에서도 말씀하시고, 내 안에서도 말씀하시는 분이시다. 심지어 세상에서도 말씀하신다. 언제 어디서든지 만나주시는 하나님 안에서 더 크고 넓은 자유함을 느낄 수 있어야만 한다.

회복 키워드 셋, 목회자 소명 아닌 사모 자신의 소명 찾기

목회자 가정의 문제는 경제적 문제인 경우가 많다. 참여한 사모들의 공통적 문제이기도 하다. 교회에서 목사는 사례비를 받지만 사모들이 사역한다고 해서 사역비를 제공하는 사례는 흔치 않다. 그러기 때문에 늘 경제적인 압박 속에서 사역자들이 생활한다고 해도 과언이 아니다. 이런 문제를 해결하기 위해서는 사모의 직업에 대한 이해가 공동체에서도 이루어져야 한다.

〈김가람/40대〉 사모도 경제적 이유로 직장을 구했다. 자신의 전공은 아니었지만 미국에 이민을 온 후에 유아교육과를 수료하고 유치원에서 교사로 일을 한다. 전에는 아이들을 잘 지도하는 달란트가 있는지 몰랐는데 교사를 하면서 '나에게 이런 달란트가 있었구나'를 발견했다고 한다. 〈김가람/40대〉 사모는 직장 생활로 인해 교회 사역을 못 하는 것이 아니라 시간을 잘 조정해서 직장 생활과 교회 사역과의 균형을 잘 이뤄나가고 있다.

자기 직업에 대한 만족감은 건강한 자아정체성에 영향을 준다. 그러므로 사모들이 자기 계발을 위해 교육을 받고 자기 영역을 찾아가며 직장 생활을 하는 것도 좋은 대안이다.

또한 교인들의 삶을 이해하므로 그들과의 거리를 좁힐 수도 있어서 오히려 사역에 더 도움이 될 수 있다. 정체성 회복을 위해 독립적인 경제 활동을 하는 것은 좋은 영향을 줄 수 있다. 또한 교인들도 사모가 교회 일에만 머물러야 한다는 고정관념을 버리고 사모의 사회생활을 지지하므로 사모 자신도 건강한 자아 정체성을 확립할 수 있도록 도와줘야 한다.

또한 사모들은 자신의 소명에 따라 사역해야 한다. 소명은 정체성과 밀접한 관계가 있다. 소명이란 본래 기독교적 맥락에서 유래한 개념으로 초월적인 존재의 부름을 통해 자신의 은사와 환경에 적합한 일이 주어진다는 종교적 의미의 용어로 사용되어 왔다.[32]

---

32   M. Weber, Protestantische Ethik 프로테스탄티즘의 윤리와 자본주의

권오현은 기독교적 문맥에서 출발한 소명의식은 현대화의 과정에서 새로운 의미를 부여받으며 그 정의가 수정되고 확장되는 과정을 거치게 되어서, 종교적인 소명의식이 운명론과 의무수행을 전제하고 있으나, 현대적 소명의식은 개인의 자아실현과 일에서의 가치와 의미 추구 등에 초점을 맞추고 있다[33]고 말한다.

〈최미순/50대〉의 경우는 교회에서 하고 있는 현재의 사역에 만족감이 적다. 사모로서 부여된 사역들이 자신이 원하는 사역이 아니기 때문이다. 사모들은 자신의 소명에 따라 사역해야 즐거움을 되찾고 부여된 역할의 정체성과 존재로서의 정체성에 균형을 이루게 된다. 그럴 때에 건강한 자아정체성이 형성된다.

〈최미순/50대〉은 성경통독 강좌를 여러 번 반복해서 들었고 자신도 성경통독을 가르치는 사역을 하길 원했다. 하지만 교회 공동체의 환경으로 인해 가르치는 사역을 하지 못하고 있다. 남편인 목사와 교인들의 이해와 격려로 사모

정신, trans. 박성수 (서울: 문예출판사, 1996),10

[33] 권오현 and 한재희, "여성기독상담자의 소명의식에 대한 실존적 특성 연구," 한국기독교상담학회지 28, no. 1 (2017): 9-42.

가 하고 싶은 사역을 하게 된다면 사모로서 보람을 느끼고 거기서 오는 자신감을 통해 건강한 자아정체성을 이룰 수 있지 않을까.

그러므로 사모로서의 정체성 회복을 위해서는 반드시 나에게 주신 하나님의 소명을 발견해야 한다.

이를 위해 먼저 자기 위치에 대한 바른 이해가 필요하다. 내가 지금 하고 있는 사역을 점검해 보고 또한 내가 무슨 사역을 잘하는지, 좋아하는 사역은 어떤 것인지 등을 생각해 보아야 한다. 사모는 교회에서 필요한 사역이나 일손이 부족할 때 메우기 위한 방편으로 사역에 동참하기 쉽다. 하나님이 사모로서 나를 선택하셨다는 생각이만 머물러서 내가 할 수 있는 사역도 아닌데, 무슨 일이던 맡겨진 일이나 교회에서 필요한 일에만 집중하게 되면, 의무감이나 책임감으로 사역을 하게 되고 지치고 힘들게 되어서 결국은 정체성을 혼란하게 할 수 있다.

사모가 목사를 돕는 역할을 하는 것을 완전히 배제하라는 뜻이 아니다. 돕는 역할이 자신이 잘하는 일인지, 자신의 은사를 활용하는 것인지를 확인하는 것이 중요하다는 의미다.

'사모는 돕는 역할'이라는 중압감으로 은사나 능력과는 상관없는 사역은 소명의식을 잃어버리게 한다. 소명의식을 갖기 위해서는 '내가 예수 안에서' 사역하는지를 살펴보아야 할 것이다.

강남순은 코즈모폴리터니즘의 시각으로 바울서신의 '예수 안에서'의 의미는 예수의 삶과 가르침이 지시하는 정신, 즉 타자를 향한 사랑과 환대 그리고 그들에 대한 책임과 연대의 삶을 의미한다고 지적한다.[34]

사모의 소명은 '예수 안에서'의 삶에서 발견될 수 있다. 코즈모폴리터니즘의 정신으로 주변인들, 소수인들을 '연민의 시선'[35]으로 보살피며, 예수님처럼 서번트 리더[36]로서의 삶을 살아갈 때 소명의식을 가진 건강한 정체성을 확립한 사모의 역할을 수행할 수 있다.

---

34 강남순, 코즈모폴리터니즘과 종교, 137.

35 강남순은 예수의 시선은 모든 인간을 신의 자녀로서 고귀한 존재로 본다고 전제하여 예수의 타자를 향한 시선을 '연민의 시선'이라고 규정하며 이 '연민의 시선'은 한 개별 인을 제한하는 국가적 경계나 종교 또는 인종적 경계를 훨씬 뛰어넘는 개념으로 설명한다. Ibid, 148.

36 예수그리스도는 다음과 같은 말씀을 통해 서번트리더를 규정하신다. "인자가 온 것은 섬김을 받으려 함이 아니라 도리어 섬기려하고 자기 목숨을 많은 사람의 대속물로 주려 함이니라"(마태복음 20:28).

또한 교회와 교인들에게 둘러싸여 삶의 대부분을 살아가는 사모는 사회에서의 적응력이 떨어질 수 있는데, 이는 정체성에 부정적 영향을 줄 수 있다. 많은 사모들이 '사모'라는 호칭에 더해 스스로 부담을 가지고 있다. 참여자 중에 어떤 사모는 사모라고 자신을 소개하는 것을 힘들어한다. 다른 사람의 시선에 대한 지나친 의식과 긴장을 할 수 있기 때문이다.

사회에서 사모를 바라보는 시각에도 문제는 있다. 세상은 사모를 성직자인 남편 목사를 바라보는 동일한 잣대로 바라보기 때문에 사회에서 적응하는 문제가 쉽지 않다. 사회의 사모에 대한 고정관념도 바뀌고, 사모 자신이 세상을 바라보는 시각도 바뀌어야 한다. 사회에서 적응력이 떨어지면 자신을 드러내지 않고 위축되기 마련이다. 그런 모습은 자신감을 잃게 만들기 때문에 자아 정체성에 영향을 준다.

〈김가람/40대〉 사모는 직장에서 사모라는 이유로 혜택 받는 부분도 있다고 한다. 시간 조절도 가능하고 급여도 만족하게 지급해 준다. 그렇지만 사모 자신도 사모이기 때문에 더 열심히 일하고 본이 되어야 한다고 생각한다. 늘 사모라는 이름이 사회가 요구하는 인식에 부합되어야 한다는 부담감이 있다.

하지만 사모는 목사처럼 성직자가 아니다. 사모는 단지 성직자의 아내일 뿐인데 사회에서 사모는 목사와 동일한 성직자라는 잣대를 들이대는 경우가 많다. 이것은 사모를 사회에서 경직된 존재로 만들어가고 융합하지 못하게 만드는 요인이라고 생각된다. 사모에 대한 사회에서의 바른 인식을 위한 교육도 필요하다. 또한 사모에 대한 사회의 인식도 다시 정립되어야 한다.

회복 키워드 넷,
교인과의 건강한 거리감을 유지하라

목회자 가정은 교회와의 건강한 거리감이 필요하다. 사모들은 대부분 교회에서 진행되는 일들에 민감하다. 그것은 교회에서 일어나는 모든 일이 남편의 사역에 영향을 미칠 것이라는 생각 때문이다. 그로 인해 교회의 전반적인 일과 교인들의 사정들을 남보다 빨리 많이 알아야 한다는 강박감과 부담감을 안고 산다. 그렇지 못하면 죄책감이 들고 게으르다는 생각을 한다. 또한 사모는 목사처럼 매일 새벽기도에도 참석해야 된다고 생각한다.

하지만 이런 생각들은 고정관념이다. 사모가 목회하는 것이 아닌데도 사모가 모든 일을 알고 감당해야 한다는 생각은 사모의 정체성을 혼란하게 한다. 사모는 가정에서의 할 일도 있다. 자녀를 양육하고 집안일을 하는 것도 교회 사역과 버금가는 귀한 사역이다.

〈고순옥/60대〉 사모는 자신이 자녀들을 데리고 모든 사역을 감당할 때 자녀들은 많은 어려움을 겪었을 것이라고 말한다. 하지만 자녀들이 부모 사역의 희생양이 돼서는 안 된다. 적지 않은 목회자 자녀들이 부모의 교회에 대한 헌신으로 인해 소외감을 느끼고 가족의 부재를 경험한다.

목회자 가정에 사생활보장이 어렵다는 의미는 카메론 리와 잭 발스윅Cameron Lee and Jack Balswick의 '유리 집에서의 삶Life in a Glass House'[37]이라는 책의 제목에서도 알 수 있다. 여기에 등장하는 유리 집은 교인들에게 유리처럼 환히 들여다보여서 사생활이 보장되지 않는 목회자의 삶을 비유한 표현이다.

이처럼 목회자 가정의 사생활이 보장되지 못할 때 사모의 정체성에 위기를 가져올 수 있다. 가정은 한 개인의 모든 생활과 사역의 기초가 되는 곳이다. 목사도 교회에서는 공인이지만 가정에서는 한 개인으로 가장의 역할을 할 수 있도록 배려하려는 교인들의 의식도 중요하다.

목회자 가족이 가정에 와서까지 교인들의 시선을 느낀

---

[37] C. Lee, and J. Balswick, Life in a Glass House (Grand Rapids, MI: Zondervan, 1989).

다면 심한 정체성의 혼란을 가져올 수 있다. 그러기 위해 교회 공동체가 함께 목회자 가정에 대한 건강한 거리감을 둘 수 있도록 하는 제도적인 장치도 필요하다고 본다.

이처럼 사모들의 정체성에 영향을 주는 요인들로 사모라는 역할의 상실감, 교회의 일이 하나님의 일이라는 견해, 경제적 문제, 사모들의 소명 의식의 필요성, 교회와의 건강한 거리감이 필요한 목회자 가정 등을 꼽았다.

이와 같은 요인들은 사모들의 정체성과 연관되어 중요한 영향을 미친다. 제시한 대안들을 통해 사모들에게 새로운 인식과 이해의 폭을 가지고 정체성을 세워나가기를 바라는 마음이다.

하지만 사모의 문제는 사모 혼자서 해결할 수 없는 복합적인 문제이다. 사모 자신의 노력 위에 남편 목사의 바른 목회철학과 교인들의 고정관념의 틀을 깰 수 있는 새로운 시각을 통해 함께 문제를 해결할 수 있다. 그러기 위해 교회 공동체가 함께 노력해 나아가야 한다.

뿌리 깊은 유교문화의 남녀 차별이나 권위주의가 한국 기독교에서 독특한 형태로 변형되어 있다. 강한 담임목회자의 리더십을 만들어가고 있는 본질주의적인 교회의 구조 속에서 오늘도 목소리를 낼 수 없는 여성, 약자, 소수자, 주변인들의 정체성 회복에 물꼬가 열리길 기대한다. 동등한 하늘의 시민, 하나님의 자녀인 그 특권 아래서 말이다.

에필로그
사모 지원 그룹과 교육이 절실하다

수많은 사모들의 눈물겨운 고백을 통해 비로소 교회와 교인들이 사모들이 처한 현실을 조금씩 직시하기 시작했다. 분명한 것은 내가 섬기는 교회의 사모도 같은 고민과 아픔을 안고 살아가고 있다는 사실이다. 사모들은 교회 사역뿐만 아니라 교인들과의 관계나 남편 목회자와의 관계 속에서 본의 아니게 고립되어 있었고 깊은 외로움을 경험하고 있었다. 이런 상황적 구조는 사모들로 하여금 깊은 우울감으로 몰아가고 있다.

이런 사모들을 위해 미국 LA의 한 교회에서는 엘피스 패밀리 Elpis Family (소망 가정사역원)라는 사모 섬김 사역이 출범했다. 2016년 인근 지역의 사모들을 대상으로 시작된 이 사역을 통해 미주 지역의 한인 사모들도 비로소 외롭게 품고 있던 아픔과 고통을 공유하기 시작했다.

목회자 사모의 정체성 회복을 목표로 활동하고 있는 엘피스 패밀리 프로그램에서는 모든 참가자에게 글쓰기를 권한다. 사모에게는 누구나 살아오면서 아무에게도 하지 못해 가슴속 깊이 묻어두었던 아프고 비밀스러운 기억들이 있다. 그런 사모에게 글쓰기라는 툴은 마음을 쏟아내는 좋은 툴이다.

　뿐만 아니라 글쓰기라는 통로를 통해 그동안 단단하게 굳어진 감정의 둑을 무너뜨리고 속살처럼 부드러운 감성을 회복하게 되는데 이 과정에서 뜻밖의 상황이 벌어진다. 오랜만에 다시 마주한 자신의 감성을 직면하는 사모들은 당황한 나머지 강하게 자신의 감정을 부인한다. 그 모습을 보는 사역자들은 연민으로 눈물을 짓기도 한다. 자신의 감정을 직면한 순간 강한 부인이 일어났고 연민이 일어났다. 그동안 얼마나 많은 틀 속에서 자신이 자신을 얽어매고, 그릇된 교인들의 시선과 가치관의 잣대에 걸려 넘어지지 않으려고 애를 썼는지를 적나라하게 확인할 수 있었다.

　또한 '사랑하라'는 종교적 신념에 매여서 거짓 감정으로 자신을 속이며 살아오고 있었다. 성도를 향한 쓴 마음이 있음에도 불구하고, 남편을 향한 아쉬운 마음이 있음에도 불구하고 자신이 자신에게 종교 지도자가 되어 사랑을 강요하고, 용서를 강요하며 그 자신은 고통과 깊은 좌절에 빠져 허우적거리고 있었고 그 사실을 확인한 사도들에게서는 놀라운 치유가 일어났다.

뿐만 아니라 잃어버렸던 자신의 감정에 정직하게 반응을 하면서부터 하나님 앞에서도 마음을 열고 정직하게 아픔을 내어놓고 기도를 할 수가 있게 되었다. 그동안 수많은 종교적 형태로 덮어뒀던 가식의 옷을 벗어던지고 억압당하고 잊힌 자기 내면의 소리와 갈망으로 하나님 앞에 나아갈 수가 있게 된 것이다.

이 과정을 통해 감정 치유가 이루어진 사모들은 엘피스 패밀리가 진행하는 목회 상담을 위한 치유 프로그램에 참여한다. 이때 사모들은 진짜 이름이 아닌 가명을 사용하는데 대개는 자신이 어린 시절에 좋아했던 만화 주인공이나 소설의 주인공 혹은 연예인의 이름 등이 등장한다. 그렇게 교회 사모라는 틀에서 해방되어 잃어버린 자아를 찾아가는 여행을 시작한다. 그 여행의 주인공은 사모들 자신이다. 그들은 그 여행을 통해 남의 이야기에 등장하는 보조 인물이 아닌 이야기의 주인공이 되는 경험을 한다.

그렇게 자아를 찾은 존재들이 사모가 된 현재 자신의 삶을 객관적으로 바라보는 시간을 갖는다. 이때는 2명이 짝을 지어 서로 돌아가며 삶을 나누는데 어린 시절 이야기를 시작으로 가족 관계, 결혼 생활, 교인 관계, 사모로서의 삶 등등 다양한 주제별로 그때 느꼈던 상황과 마음과 감정들을 교류한다.

그 과정에서 아무런 준비 없이 들어선 사모의 길에 대해 처음으로 깊이 생각해보는 시간을 갖는다. 사모는 누구인지, 나는 어떤 사모의 모습을 그려왔는지, 성경적인 사모의 모습은 무엇인지, 내가 속한 공동체가 원하는 사모의 모습은 어떤지, 그리고 그 안에서 어떤 위치에 서 있었는지, 사모의 삶 가운데 내가 원하는 것이 무엇인지, 그 모습이 하나님 앞에 어떠했는지 등을 고백하기도 하고 남의 이야기를 듣기도 한다. 그 과정에서 많은 사모들이 진정한 사모로 단단하게 성장하는 것을 발견한다. 이런 사모 지원 교육은 한국 교회도 절실히 필요하다.

교회의 리더십은 사역자와 중직자이기에 대부분 교회를 위한 프로그램은 중직자나 목회자에게 집중되어 있는 것을 볼 수가 있다. 사모의 자리는 마치 공기와 같아서 보이지도 않지만 없어서는 안 될 자리임을 잊어버릴 때가 많다.

하지만 사모가 영적으로 병이 들었을 때 담임목회자의

목회에 큰 영향을 끼치게 된다는 사실은 굳이 언급할 필요도 없을 것이다. 그것은 고스란히 교회의 생존과도 연관이 됨을 잊어서도 안 될 것이다. 교회는 이윤 추구를 위해 모인 사회 조직이 아니라 그리스도의 몸으로 모인 유기적 생명체이기 때문이다. 그러기에 사모를 위한 돌봄과 치유, 지원 교육 프로그램은 선택이 아닌 필수임에 틀림이 없다.

또한 사모들끼리의 지속적인 유대관계도 매우 중요하다. 서로의 아픔과 고통과 경험을 나누고 서로를 격려하며 동역자로 성장해갈 수 있기 때문이다. 사모라는 특수한 위치에 처한 이들은 그 누구도 이해할 수 없는 사모의 아픔을 읽어내는 비밀스럽고 섬세한 능력을 갖고 있다. 사모들은 이 그룹에서 남편이나 가족에게도 터놓고 말하지 못하는 이야기들을 나눈다. 그 과정에서 사모의 길을 가는 데에 서로의 나침반 역할을 해줄 뿐 아니라 선후배 사모들 사이에는 평생을 함께 하는 멘토, 멘티 관계로 발전하기도 한다.

오랜 세월, 그리고 지금도 여전히 사모는 교회 안에서 제대로 그 존재의 중요성을 인정받지 못하고 있다. 그럼에도 불구하고 사모는 독회자와 교회에 절대적으로 필요한 존재다. 그러므로 사모들이 하나님으로부터 받은 특별한 은사와 능력을 발휘할 때 목회자가 살아나고 목회자 가정이 안정된다. 또한 교회 안에서도 양들을 이끄는 목회자의 심장으로 목회자의 손이 닿지 않는 곳을 품을 수 있는 최우선의 적임자다.

그러므로 지금처럼 사모를 보는 판단의 잣대, 비교의 잣대, 호기심의 잣대, 일방적으로 희생과 헌신만을 요구하는 억압의 잣대를 치우고, 성도 중에 가장 귀한 성도의 한 사람으로 사모에게 지워진 가정과 자녀 양육의 책임을 교회와 목회자가 서로 나누어 지고, 사모의 은사를 발휘할 수 있는 사역에 과감히 참여시켜야 한다. 가장 먼저 변해야 할 사람은 남편인 목회자가 아닐까 생각된다. 목회자는 사역자인 동시에 한 가정의 가장이다. 사모에게 일방적으로 지워진 가사와 자녀 양육의 의무를 나누는 것은 당연히 해야 하는 성경의 명령이다. 그렇게 막혔던 목회자 가정의 세대간 화합이 이루어지면서 목회자의 가정이 살아나며 교회가 더욱 교회답게 바로 서게 될 것이다. 또한 교회로부터 멀어졌던 목회자의 자녀들이 새벽별 같은 믿음의 다음 세대로 돌아올 것이다.

God So Loved ✝ **이처럼 사랑하사**는 이 시대에 필요한 귀한 기독교콘텐츠를 전문적으로 발굴, 보급하기 위한 스토리윤의 전문 브랜드입니다.

사모의 성경적 자아 찾기
사모행전

초판 발행　2021. 5. 15

지은이 박운송
발행인 이소윤
디자인 임현주

펴낸곳 (주)스토리윤
등록 2016-000066호
주소　용인시 처인구 양지면 한터로 662번길 53
전화　02)529-5293　**팩스** 02)529-5232
이메일 storyyoon_files@naver.com

ⓒ 박운송, 2021

ISBN 979-11-951529-0-2 03230

*이 책은 저작권법에 따라 보호를 받는 저작물이므로 무단 전재와 무단 복제를 금합니다.
*책 값은 뒤표지에 있습니다. 잘못된 책은 구입하신 서점에서 바꿔드립니다.